心靈解碼

美明笨聰運動音樂黑點子夢邏輯愛意創工作協調空虛家庭影像高興怒數學歷史成就感擔心煩惱痛苦衝動支配憂鬱正義幻想真理解力智力善良無助喜樂戀愛文字打影像記憶

科學證實聖經中的教導，
能為人類帶來健康與長壽，
不論人們的信仰為何，
這教導都對他們有益。

以信仰和科學
觀點探討
全人健康

作者：華倫·席普頓

譯者：余思瑩

目　錄 | Contents

序言

　　人體是個複雜迷人的機體。就像其他動物一樣，人體有其控制機制，以調整適應環境的變化。這樣的調整讓人體能持續運作，若環境影響只是短期的，人體終究能回到正常的運作模式。因為根據經驗，外在自然環境與錯誤的飲食攝取，對人體健康可能會有立即性的衝擊；但環境的變化若長期持續下去，就一定會對人的健康產生重大的改變。我們將從聖經與科學的觀點，來探討影響我們身體健康的各項因素。

　　人類與其他所有動物群體不同的地方是：人類擁有比例相當可觀的大腦，至今仍未能完全被我們瞭解，也無法以電子科技複製。人們已經認知到人腦有強烈又多元的活動，而焦慮與其他精神壓力會對健康有所影響，這表示現代科學知道我們的精神活動會影響身體健康，我們知道頭腦所處理的資訊、我們的思考風格與看四周世界的方式，都會影響我們對健康的感覺，並在我們身上產生饋效果以至影響我們的身體。事實上，我們的健康狀態受到生物、心理與社會因素的影響，換句話說就是：身體健康與精神健康是密不可分的。[1]我們的理智會讓我們能評鑑道德價值，使我們的行事為人可以被社會接受，所有的文化都在一個大眾認可的道德框架中運作，這是動物所不具備的能力。人類思考的道德層面是使我們能在社會中平和運作的必要條件，對許多人來說，也是我們與心靈層面的必要連結之一部分；人若無法在約定成俗的社會規範中運作，將被視為不健康或異常。

　　智力遠超乎其他動物之上的人類也是一種社會性生物，我們彼此間從事複雜的互動，因而影響一個人對現實的觀感與自我的體認，其中最複雜且持續的互動，就是家庭中成員的互動。其品質與強度，對於個人在面對狀況改變時的恢復力有重大影響，而且最終與個人的適切感、自我價值與目標有所關聯。這個層次的關係若能獲得滿足，就會使個人與較廣大社會進行平衡的互動。我們社會健康的品質在某種層面，將會決定我們對群體的貢獻，並且影響自身的成就感。

　　任何健康的概念都應該考慮到上述簡短提及的所有層面：身體方面、心理方面、社會方面與心靈方面。本書極為認同世界衛生組織對健康的定義：健康是「身體、心理、社會健康的狀態，而非只是沒有疾病症狀而已。」[2]最近更有

報告指出，世界衛生組織建議，「心靈健康」也應該包含在上述定義中，[3]這反映出一種想法：就是我們應該認知到「每個人的獨特性，並且必須回應每一個人對於追尋意義、目的與歸屬感的渴望。」[4]

我們和世界衛生組織一樣，相信心靈層面的重要意義。道理很簡單，我們相信上帝按照自己的形像創造人類，人類背叛祂，但是上帝藉著耶穌的死與復活，以及隨後祂在天國的事工，提供人類一條與上帝和好的路徑。每個人一生中都被賜與認識上帝的機會——祂的品德、作為與道德價值。這些都總結於一個原則之中：那就是無私的愛。在人世間生命的最終目標，以及我們對未來的希望，都連繫在對上帝的理解上。[5]然而唯物演化論的觀點正好相反，認為人類的存在是因為機率，因此沒有所謂的人生目標。[6]知道有上帝存在，會產生有目標與樂觀的感覺，使我們正常健康，感到自己在人世間有價值，也對未來有希望。事實上，心靈層面對健康有強烈的正面意義，其所帶來的影響連研究者也甚感驚訝。[7]

所有聖經參照除非特別註明，都出於和合本聖經。

參考資料：

1　World Health Organization. 2001. The Word Health Report 2001. Mental health: New understanding, new hope, pp. 8-10.

2　World Health Organization. 1947. Chronicle of the World Health Organization, vol. 1, p. 29.

3　World Health Organization. 1984. Chronicle of the World Health Organization, vol. 38, p. 172; Sein. U. T. 2002. Regional Health Forum 6（no. 1）, pp. 50, 51.

4　Yach, D. Health and illness: the definition of the World Health Organization. Online: www.medizin-ethik.ch/publik/health_illness.htm（10/11/2006）.

5　Reid, G. W. 1982. A Sound of Trumpets. Washington, D.C.: Review and Herald Publishing Association, pp. 116-122.

6　Hawking, S. W. 1988. A Brief History of Time. New York: Bantam Books, pp. 122-141, 175.

7　Magai, C. & McFadden, S. H. Eds. 1996. Handbook of Emotion. Adult Development, and Aging. London: Academic Press, pp. 351-354.

第一部
身體健康
SECTION 1

「親愛的兄弟啊，我願你凡事興盛，身體健壯……」

約翰三書2節

「你若留意聽耶和華——你上帝的話，又行我眼中看為正的事，
留心聽我的誠命，守我一切的律例，
我就不將所加與埃及人的疾病加在你身上，
因為我——耶和華是醫治你的。」

出埃及記15：26

「因為你們是重價買來的，所以要在你們的身子上榮耀上帝。」

哥林多前書6：20

第一部 | 身體健康

 ① 吃出健康

不論哪個國家的居民，都很關注健康這個議題，從大眾媒體與科學期刊的相關報導中，便可見一斑。營養對於健康的重要性很早就備受肯定，它包含各種營養素的消化、吸收、運用、以及後續的分解與廢棄物的排除。其中任何一個步驟失效，都會對健康產生不小的衝擊。

人體所需的基本營養素有醣類、蛋白質、脂質、維生素、礦物質與水。這些都是必需營養素，所需的量必須合宜，否則無法使身體達到最理想的健康狀況。醣類的主要功用是提供能量，其食物來源非常多樣，像米飯、麵條、馬鈴薯、玉米、樹薯與其他多種食物。醣類經由人體內的酵素分解後產生葡萄糖，提供人體正常運作的能量。複合性醣類（多醣類與植物細胞壁的衍生物質）比糖這類單一醣類更難分解，這表示它們能量釋放較緩慢；醣類分解後的產物是含碳氫氧元素之化合物，這是建造新細胞的必要物質，[1]再者，建造新細胞時也需要含氮元素的化合物。

氮主要來自於蛋白質（肉、奶、豆類與堅果），蛋白質由胺基酸組成，

其中有九種，人體無法自行合成，一定要透過所吃的食物消化後再攝取。蛋白質並非我們主要的能量來源，其角色在於建造與修復細胞，提供細胞內工作機制的重要成分。攝入過多的蛋白質有可能會引發腎結石、腎臟病、心臟功能受損、癌症高風險與骨質疏鬆，含高脂質的高蛋白的食物則會引發肥胖。[2]

　　脂質在植物性與動物性食物中都可找到，由脂肪酸與甘油組成，細胞膜的完整需要這些組成分子，若細胞膜建造不良，有所缺損，我們就無法維持身體的健康。脂質牽涉到能量的製造與貯存，亞麻油酸與次亞麻油酸是人體無法自行合成的兩種必需脂肪酸，不過在動物與植物性來源中都可找到；對於偏好素食生活的人，可以從蔬菜、堅果、穀物與水果中找到適量的必需脂肪酸。[3]

　　我們必須理解動物性油與植物性油的不同，含飽和脂肪酸量高的動物性油通常在室溫下是固態，不飽和脂肪通常在室溫下是液態。尤其是飽和脂肪酸多的脂質過度攝取，是全世界都很關注的問題，因為這會導致心臟以及其他器官的疾病，不過也並非所有多元不飽和脂肪酸衍生的產品都是有益的（例如反式脂肪），部分液態油經過高壓高溫加入氫氣變成固態植物奶油（氫化）或固態酥油（通常用於速食與烘焙糕點）也就是反式脂質，這會使膽固醇提高。[4]

　　維生素與礦物質是需求量較微少的營養素，維生素有脂溶性（維

生素Ａ、Ｄ、Ｅ、Ｋ）與水溶性（維生素Ｂ群與維生素Ｃ）兩種，攝取過多脂溶性維生素會對我們造成傷害，也可以說有毒性。維生素不是當作能量來源，而是參與細胞基本運作，缺乏維生素會導致多種疾病。礦物質需要的量通常很少，也是用於維持細胞工作機制的正常運行，缺乏礦物質或過多礦物質也會導致產生多種健康問題。[5]

　　水用以輸送營養素與廢物，體內營養素的分解和合成，必須要有水，水在調節身體溫度上扮演著極為關鍵角色。[6]

植物飲食的適當性

　　數千年來，有許多團體在提倡素食生活，近年來，科學社群也開始理解到：素食生活有許多值得推薦之處。約莫50年前開始進行的研究顯示，以植物為主的飲食，比起以肉類為主的飲食，更能引導人們走向健康的生活與更長的壽命。[7]世界衛生組織預測，到了2020年，世界上三分之二的疾病會是非傳染性的慢性疾病，這些疾病大多起因於營養過剩，也就是食用動物性產品及越來越多內含反式脂肪的精緻飲食，而這一切都發生於我們沒有規律運動的生活狀態之緣故。[8]

　　有了這些發現，關於植物性飲食的適當性這個困難問題，我們就以下這幾點加以回應：

．**蛋白質適當性**：各種植物性來源的食物可提供足夠的氨基酸，研究顯示，吃奶蛋素飲食與吃肉類飲食的兒童，其成長幾乎沒有什麼差別。[9]

．**礦物質**：引起關注的議題很多，第一，素食者的鈣質狀況受到質疑；然而事實上，素食者骨頭中礦物質的濃度可能高於或是低於肉食者。若有固定食用黃豆製品，並避免高蛋白、高鹽量的飲食，鈣質的攝取就會比較適當。若加上適量的運動並避免菸酒，情況就更好了。[10]

鐵質不足的問題也值得探討。鐵質不足會導致貧血，貧血時我們會缺乏活力，容易倦怠，也較輕易受到疾病感染。植物含有非血基質鐵，其吸收程度不如肉類含有的血基質鐵有效。不過，植物中含有的維他命 C 與有機酸能幫助非血基質鐵的吸收，再加上飲食搭配穀物、豆類與堅果、水果與蔬菜，在此方面就比較不會產生問題。這表示素食者（不論是否食用乳製品與蛋）也能如肉食者一樣滿足身體對鐵質的需求；不過，嚴格遵守全素飲食的兒童，與食用綠色革命各項產品的使用者，在鐵質攝取上還是會有不足的情況發生；[11]至於其他礦物質不足的現象則不常發生。[12]

．**維生素**：我們所關注的維生素是維生素 A、B[12]與葉酸，這些營養素存在於肉類中，而此營養素的生物利用度存在於肉類中比植

物中的高。研究發現素食者體內測量到的維生素 B 12較低，[13]這種維生素存於動物性食物中，蛋奶素食者（可食乳製品與蛋）可從雞蛋、乳酪、牛奶與優格中取得足量的維生素B12。而以海藻作為人體維生素B12的來源，還具有爭議性，[14]我們需要維生素B12來預防貧血與胎兒的無法修復之神經系統損傷，以及老化時的神經失調。不能食用動物性產品的人，可選擇豆漿等其他產品，或是選擇服用維生素錠，以補充維生素攝取來源。[15]

動物性產品含有既成的維生素A，而植物則含有合成維生素所需的前驅物（β胡蘿蔔素），具有高β胡蘿蔔素含量的植物有：高彩度的柑橘類水果與蔬菜（胡蘿蔔、南瓜、蕃茄、芒果、木瓜、杏桃等等），以及深綠色蔬菜（菠菜、甘藍菜、捲心菜、萵苣等等），這種維生素在西方國家的飲食中較少缺乏，但對許多亞洲社群則非如此。[16]雖然有豐富的蔬菜與肉類供應，但在某些國家中，包括澳洲，也必須攝取穀類、水果產品的補充，以克服此方面的問題。[17]

聖經與科學觀點

將聖經與科學證據並置，我們並非在宣稱聖經是所有現代關於健康知識的來源，然而我們相信，聖經中就有主要的大方向，只要遵循這些方向，就能避免許多疾病。現代科學並未否認聖經中找到的大量建議，暢銷書《疾病遠離我》（《None of These Diseases》)便有闡明這些建議。[18]我們相信，科學與宗教間存有可合作的空間，我們

不會只焦急地等候「啟示性的希望」在未來中出現。[19]

❶ 健康就是神的計畫

> 鑰節 約翰三書2節
> 問題 使徒約翰為信徒表達了什麼願望？

回答：使徒約翰表達的渴望是他朋友（該猶）能有好的健康，這是上帝對遵守祂律例的人所做出的允諾（出埃及記15：26）。我們必須理解這個允諾會受到人類基因構造的限制。我們區分一下基因造成的生病體質和那因突變造成的、使人衰弱的重大疾病，他們並沒有做什麼事使他們應得這種病。後者，包括囊狀纖維化閉鎖、血友病、唐氏症和其他疾病。[20]而基因造成的生病體質，則可能有一些方法來控制疾病的發展，例如我們可藉由結腸鏡進行腺腫瘤探測與移除，以預防最終演變成腸癌的可能。

❷ 新鮮與自然的食物最好

> 鑰節 創世記1：29
> 問題 從上帝原本安排給人類的食物中我們可以學到什麼？

回答：最初創造給人類的食物只有水果和蔬菜，起初新鮮食

材取自於田野中，後來因知識發達與食物的安全性成為議題，故發展出多種保存技術。譬如奶油與乳酪便是人類很早就發展出來的食品（創世記18：8；撒母耳記上17：18），而早期人類已知道利用乾燥的方法保存種子與水果，並運用發酵技術來保存食物（創世紀9：24；第41：47、48；撒母耳記上25：18），歷史學家有記載先人保存食物的方法。[21]

　　鹽漬食物早期被視為交易的物品，但高鹽度飲食會造成許多的問題。食用鹽會增加尿液中鈣質的排泄量，因此加重骨質疏鬆的現象。且增加鹽分攝取，與高血壓和中風有密切關係，有些血壓偏高的人只要減少鹽量攝取，就能改善其健康狀況。[22]

3 精緻食品

問題 精緻食品在健康議題方面，究竟扮演著什麼角色？

　　回答：精緻食物帶給我們許多不當的影響，在某些西方國家中，約半數卡路里的攝取都來自那缺少纖維質、維生素與礦物質的精緻食物。吃的過量是一個相關的議題。這表示在這些社會中，人民的主要死因與不良飲食有關。[23]不幸的是，精緻食物與碳酸飲料，是這自由貿易世界開發中國家普遍有的兩種禍害，現在此問題在許多西化程度高的社會中開始浮現。

4 營養智識

> 鑰節 哥林多前書10：31
> 問題 飲食的主要指導原則為何？

回答：我們的所作所為都有見證人。我們是否有按我們的基督教主張而行，並以上帝之名行事？聖經這本書一再驅策我們從原因到結果去思考。所羅門王有一句話很適合西化的國家：「無故的詛咒也不必臨到」。（《箴言》26：2）西方世界中，有充足的科學資訊，促使我們做出理性的營養選擇；我們不該刻意遺漏這些資訊，其本意是為了預防我們成為營養不良或其他問題的受害者。至於世界上非西化的地區，傳統生活通常有許多好的食物，並且只攝取有限的肉類。

雖然帶有點警告的意味，但我們不能假裝現代社會與神最初創造的世界相同。營養不良同時存在於肉食與素食之間；這表示，我們對於世界上任一種宣揚全素飲食，且不需服用任何補充品的主張，都應非常小心。

5 神所選擇的飲食

> 鑰節 創世記第1：29；以賽亞書65：17、25

問題 上帝在伊甸園創造的世界沒有動物死亡這回事，新天地中也會是這樣的情況。這給我們什麼關於上帝選飲食的啟示？

回答：上帝選的飲食是以植物為主，因為上帝的理想世界沒有罪惡，所以沒有死亡。祂在大洪水後允許肉食（創世紀9：3-5），不同飲食方式的營養適當性（以肉為主或以植物為主）長久以來都是爭論焦點。我們不會以永續性或殺生的倫理論點來模糊焦點，對於此問題的討論中，浮現幾個值得思量的原則，就是：

・**均衡飲食**：不論我們選擇何種飲食風格，「極端」只會對健康造成傷害，隨時都該注意飲食要適度。[24]

・**脂肪攝取**：素食者與肉食者在脂質攝取上十分不同。素食者不僅攝取較少的脂質，且其中飽和脂肪酸與膽固醇含量也較少；脂質攝取過量與健康狀況不佳緊密相關，這並非一個秘密，因為食用食物中的脂肪和過多的醣類會有效的轉化成身體脂肪，提高罹患心臟病的風險。透過攝取脂肪所得到的卡路里應該要少於百分之三十，由飽和脂肪所提供的卡路里應少於百分之十。[25]

・**纖維攝取**：水果與蔬菜在纖維的含量上比其他自然界的食物高，纖維的好處是會減少如便秘與憩室支囊疾病等消化方面的問題，且能減緩葡萄糖吸收程度，因此對糖尿病患者有益；而另一個

好處是能降低直腸癌與心血管疾病發生的風險。[26]

　　‧**植物化學成分**：素食主義與健康有關，是因為素食者能廣泛攝取植物化學成分，其效用十分良好，不過在公佈其成效之前，還需要更多資訊來證實。在此同時，請盡量多吃蔬菜水果。我們也發現到大豆製品具有將骨鈣流失減到最低的保護功效，且能降低某些癌症的發生率。[27]

　　‧**食物帶來的疾病**：食物帶來的疾病與吃肉之間有密切關係，最顯著的突發疾病與死亡通常都與非植物性食物相關。即使如此，還是須留意因植物性食物而罹患的疾病，有日漸升高的趨勢，問題出在植物性食物的製造、處理與銷售過程；這樣的隱憂確實存在，不過目前影響還有限。[28]

只要吃少一點？
6 營養需求

　　問題 我們的營養需求在人生的每個階段是否一致不變？

　　回答：出生時的營養與成年、老年時需求並不相同，我們不必過度探討，但有幾個要點需提及：老年人骨頭鈣質流失在西方社會中是一個顯著的問題，這是腎臟功能不全的後果，咖啡因的攝取會

利尿而導致鈣鎂的的流失量增加，且與多種癌症的發生有關，黃豆製品則能降低鈣質流失與骨折的風險。在某些研究中，關於骨骼中礦物質大量流失的問題，素食者較不會產生這樣的情形，但真正的狀況十分複雜，個人飲食習慣也須列入考量。不過可以確定的是，鈣質攝取在老化時是很重要的，當鈣質攝取過低時，也許需要額外補充。而其他要探討的營養素是維生素 B 12 與維生素 D，維生素 B 群的吸收會隨著人體老化降低，所以多會建議老人家補充維生素 B 群；維生素 D 的合成也會隨著年齡增長而顯著減少，因此需要更多的日照，或是攝取強化食物。另外也建議老人家補充低劑量的礦物質，以克服鋅質不足的問題。[29]素食的孕婦與母親要注意攝取足量的鈣質與維生素，並且要多補充鐵質與鎂。[30]

7 暴飲暴食

鑰節 箴言23：1－3
問題 對於那些營養過剩的人，聖經有什麼建議？

回答：聖經清楚建議不要過度飲食，對西方世界以及越來越多社會群體而言，都應該重視此忠告。事實顯示，部分飲食的份量隨著速食的發展而增大。這股潮流過去25年美國觀察得知，[31]其他西化或是受到西式速食風格影響的國家，也面對到如傳染病般蔓延的肥胖問題。在食物選擇上，隱藏了對我們健康有害的定時炸彈。[32]

聖經稱精緻飲食是騙人的，不過有些食物的騙術已被揭穿，雖然很難稱呼速食為精緻飲食，但是精緻飲食的原則，也適用於食用量越來越大的速食上。這些食物通常偏甜或偏鹹，脂質偏高，是維持健康的最糟組合。[33]只要幾餐高脂質餐點，就會造成荷爾蒙系統失調而渴求更多脂質，因而開啟負迴饋效應。食用過量的甜食則有類似上癮的後果。[34]

8 均衡飲食

鑰節 箴言25：27
問題 我們是否能從聖經的建議中歸納出一個原則？

回答：我們可以從《箴言》中衍生出原則，過度使用單醣對健康不好，不論是自然的產品，或是由類似甘蔗這種植物萃取出的糖都一樣。像蜂蜜主要由單醣構成（果糖與葡萄糖），會引發多種疾病，像是糖尿病與齲齒，齲齒起因於細菌停留在我們口中時，會分解食物中的糖分形成有機酸，這些有機酸會侵蝕牙齒的鈣質與琺瑯質，而形成蛀牙。[35]

糖尿病的部分會在另外的章節中探討。原則很簡單，就是食物越精緻，消化的速度就越快，血糖升高的速度也越快。若我們的體內充滿單醣，很快地就會影響到我們的健康。[36]

9 吃得健康

問題 我們能否食用過多的蛋白質與精緻含糖食物？

回答：多數營養學家不支持高蛋白、高脂肪的飲食。有輕度腎臟問題的人，攝取過量的蛋白質，會造成腎臟更大的負擔；[37]另外，還有高蛋白飲食會降低生育力的說法。[38]人體是需要蛋白質，但是攝取要適量。[39]

人體需要某些特定的蛋白質，因為身體無法自行製造。好的健康取決於飲食中必須攝取到九種胺基酸，胺基酸通常在動物性產品中接近平衡，而以植物為主的飲食中，攝取不同來源的混合蛋白質，也能產生接近相同的平衡。這表示，實際上穀物與豆類的組合即可達到此效果。大豆蛋白質提供所有的必要胺基酸，使其成為許多蛋白質菜單上的首選。與植物性蛋白質相反，動物性蛋白質則充滿硫化胺基酸，增加骨質疏鬆症的風險。素食者的骨質流失比非素食者少，這與食用大豆製品有部分關係。[40]有些受人忽略的蛋白質來源像可食用的蕈菇（例如杏鮑菇），它們含有大部分必要胺基酸與礦物質、維他命 B 群和葉酸群。[41]事實上，一種蕈菇替代品，就能與雞蛋所含的胺基酸群相比。[42]我們不能搞混可食用蕈菇與有毒蕈菇，或是在許多食物中會產生有毒物質的黃麴菌類，若是搞混了，最後會歸罪於所有菌類，這樣不僅不合理，也缺乏證據。

10 魚的營養

> **鑰節** 約翰福音6：11、12
>
> **問題** 耶穌允許食用魚肉。關於食用魚肉以獲得有益的Omega-3
> 脂肪酸，有什麼最新資訊？

　　回答：聖經告訴我們，耶穌以一頓平衡餐飲餵飽眾人，這頓飯含有醣類、蛋白質與脂質。魚肉含有一種對人體有益的特殊脂肪酸（Omega-3），攝取Omega-3脂肪酸起初與降低愛斯基摩人心臟病發作的風險有關聯，它們也可降低慢性發炎疾病與降低癌症死亡率。Omega-3的植物來源有堅果、種子與豆類（亞麻籽仁油與菜籽油特別含有這種脂肪酸；黃豆與豆腐則含量中等），這表示人們可以享受這些油帶來的益處，不用擔心現今魚類體內可能存在的重金屬污染物，或是其他病原體。[43]

11 特殊需求飲食

> **問題** 當身體壓力很大，在營養方面是否有什麼需要特別注意
> 的議題？我們攝取的維生素與礦物質是否足夠？

　　回答：生活步調緊湊的現代人常感到焦慮，且時常食用含有高脂肪、高鹽量及過多單醣的垃圾食物，單醣與精緻食物缺乏維生素

與礦物質（例如白糖與精製麵粉），壓力會擾亂身體的平衡，導致疾病的發生，也因為免疫系統變弱，比較無法抵抗感染性的疾病。[44]

　　壓力大的人較常飲用含咖啡因的飲料，咖啡和茶有利尿作用，並且導致更多鈣質與鎂的流失。所有含咖啡因的飲品與食物（各種蘇打飲料與巧克力）都會刺激中央神經系統，使其處於高度警覺的狀態中，並促使壓力荷爾蒙的釋放，可能因此引起頭痛；[45]這些對已有壓力負擔的人都不好。還有一種情況叫做氧化壓力，意思是身體產生出太多有毒的化學物質，像是活性氧粒子（O_3），十分具有破壞性。這些是人體正常產生的物質，但當身體高速消耗氧氣時，會大量產生，例如做激烈運動、繁重工作或是患有某些疾病以及某種特別嚴重的環境汙染時。高蛋白飲食、高度攝取多元飽和脂肪酸。還有維他命與礦物質不均衡，這些都會促使有毒物質的產生。有證據顯示，某些植物性的化學物質對於清理這些有物質有益；這表示有壓力與否，都應攝取含有豐富蔬果的均衡飲食。好消息是，當我們限制體內卡路里的攝取，也減少了自由基的產生。[46]

⓬ 飲食的喜樂

鑰節 傳道書2：24、25
問題 均衡飲食是否會減少飲食的樂趣？

回答：均衡飲食是針對所有已提出的健康議題，而同時又能保有飲食的享受。聖經對我們保證，這是上帝的旨意。事實上，我們的樂趣會藉由意識到生命中有精神層面的存在而提高，這在聖經中寫得很清楚，注意我們在鑰節中所提到的：「人莫強如吃喝，且在勞碌中享福，我看這也是出於上帝的手。論到吃用、享福，誰能勝過我呢？」

吃得長壽

　　西班牙探險家胡安・德萊昂在1513年，嘗試尋找所謂的青春之泉。當然，他沒有找到，而且還在年紀尚未邁入老年的61歲即去世。[47]現代探險家只要擁有正確的資訊，或許比較能實際地在超市找到長壽的秘密。

　　與健康相關的因素分析指出，合宜的食物與規律的運動，對延年益壽有顯著影響。事實上，規律的運動會比飲食因素更為重要。壽命的長短還受到適當的睡眠、不抽菸、控制飲酒、維持標準體重、不吃零食與定時吃早餐所影響。凡意識到這些因素的影響，並選擇適當生活型態的人，壽命可能比一般人延長七年以上。[48]有一個享有較長壽命的生活型態團體，叫做「基督復臨安息日會」。他們會避開像菸草與酒精這種有害飲食，而且他們信守以素食為理想飲食的健康生活型態。

　　上述採用此種生活方式並接受研究超過八年的加州團體，其25,000居民接受調查時，顯示出驚人的健康長壽紀錄。在基督復臨安息日會的信徒當中，患冠狀動脈心臟病、中風、癌症與糖尿病的人，大約只有其他加州居民人數的一半。這些優勢在日本、荷蘭、挪威與波蘭也有發現，只有那些遵守素食生活的人，才能體驗到這樣的益處；復臨信徒中消耗越多紅肉、高脂肪食物、雞蛋與咖啡的

人，壽命減少的風險也越大。那些能夠維持標準體重、規律運動、吃大量蔬果、且儘量避免肉類的人，能夠有較長的壽命；因此，越早採用這種生活型態越好。[49]

聖經原則

基督復臨安息日會信徒從聖經中推衍出關於他們飲食選擇的原則，要注意的是，素食並非用來檢測一個人是否屬於此一團體。我們將檢視這些聖經中有指引，且受過科學證實，能延年益壽的大原則。姑且不論人們的信仰為何，這些原則都能對他們有益。

1 後果

> 鑰節 加拉太書6：7
>
> 問題 關於我們行動的後果，聖經建立了什麼一般的準則？

回答：我們種什麼因，就結什麼果，不管生理或是心理方面。舉例來說，經常過度飲食的後果之一就是肥胖，並且會提高罹患癌症的風險，包括乳癌、前列腺癌、子宮頸癌、結腸癌、膽囊癌與其他多種疾病，這是因為荷爾蒙平衡發生變化，以及脂肪細胞釋放的物質所造成，[50]壽命也會因我們的選擇不當而縮短。

2 把肉類略過去

> 鑰節 利未記7：23
> 問題 1.關於食用含脂肪的食物，聖經給了什麼明智的指示？

回答：上帝從大洪水時期起允許食用肉類（創世記9：3－5），但祂也給了明確的指示，要避免食用脂質含量高的部份；醫學界也認可這項建議的合理性，[51]將會在接下來的章節中繼續探討這個飲食公敵。

不過，有一點很耐人尋味，大洪水之前人的壽命，比在大洪水後的人長了許多（創世記5：3－31；11：10－32），我們無法確切得知這個謎底，不過有個說法是因為食用肉類而導致縮短人類壽命。

> 鑰節 利未記7：26
> 問題 2.關於吃含血食物有什麼建議？

回答：這點建議很明確，但長久以來我們一直不確定背後的科學原因。那些嚴謹看待這些建議的古老群體，只食用真正潔淨殺生的肉類，這個過程包括動物屍體要放血、去除禁止食用的脂肪與特定動、靜脈血管和神經的部份，並在鹽水中浸泡以去除肉中的血。[52]因為羊、豬與牛隻等動物，在以傳統方式屠宰時，體內還含有百分之五十的血液，不同的肌肉部位含血量也不盡相同。[53]

很多研究，以及很多自願受試者指出，吃肉會提高罹患結腸癌的風險。紅肉含有豐富的血液蛋白質（肌紅蛋白與血紅蛋白），這些會與存在於正常狀態消化道裏的其他物質起作用，產生致癌物質（Ｎ－亞硝基化合物）。紅肉的血紅素鐵蛋白（特別是肌紅蛋白）含量比白肉高，這便解釋了食用紅肉而罹癌風險較高的原因。[54]

3 甜牙齒

> **鑰節** 箴言25：27a
> **問題** 關於吃大量甜食，有些什麼建議？

回答：聖經中並沒有解釋為何吃大量蜂蜜是不智之舉，蜂蜜是少數在蔗糖尚未普及前的調味品。蔗糖原產自印度，大約從公元（Christian era）開始，其他國家也開始陸續使用。[55]現今為科學時代，我們已經知道這段經文為何建議不要吃過多蜂蜜，因為蜂蜜含有兩種主要的單醣：果糖與葡萄糖。

我們不能陷入一般的迷思裡，以為大量食用蜂蜜，傷害度會比攝取蔗糖或其他單醣類來得小。科學家已經理解到，現代人因為食用含有大量單醣的食品，而傾向過重等其他問題。

4 節制飲食

鑰節 使徒行傳24：25
問題 1.使徒保羅認為建立基督徒的生活型態時，有什麼重要的
想法須一同呈現？

回答： 聖經提到猶太與撒馬利亞的羅馬巡撫腓力斯（約西元52～62年），他是個冷酷貪淫的人。[56]使徒保羅對他講述上帝對每個人都付出無私的愛與恩典（公正），以及上帝的正義。腓力斯想到自己過度縱欲與冷酷的生活，聽到審判就備感恐懼。既然上帝在基督再度降臨時一定會給予獎懲，那我們活在世上能明白上帝的寬容與公義是明智的；那些認真了解的人，便會在所有事上節制，包括飲食方面的，都是上帝對我們的重要旨意（哥林多前書9：25）；而論到飲食，此勸告自有其益處。我們已經發現若限制卡路里的攝取，壽命將會延長，[57]這是一個好的交換。

鑰節 腓立比書3：18、19
問題 2.什麼行為對心靈損害特別大？

回答： 太關注世上的事物，包括過度在意食慾的滿足，會轉移我們的注意力，因而疏於準備在天國中取得一個位置（20節）。我們在之後的章節會討論到靈性對於全人健康的影響。

5 新知識

箴言 箴言13：16
問題 我們該如何掌握資訊的快速更迭？

回答：明智的人吸收知識來行事。現今可以隨手取得有關健康的大量資訊，[58]但要根據正確的知識去行動；要留意的是，網路上充斥著各式各樣的知識，然而，我們的注意力只應放在經證實後的知識，它通常是來自科學研究機構與團體，他們採用嚴密的科學實驗與健全的統計分析等科學方法。接近真理的實驗結果是可重複驗證的。我們會找到許多合格的執業醫生都獲得相同的結論。不過要注意的是，科學是漸進的，這表示所有的結論都只是暫時性，並且在新資訊出現時必須經過重新修訂。但我們不須因此而困擾，因它就只像是我們在生活中評估一位新員工或新朋友一樣而已。

6 長壽

鑰節 箴言3：1、2；4：10；9：10、11。
問題 上帝對敬愛祂的人有何旨意？

回答：長壽是上帝對我們的期望，若我們在身體、情緒與心靈上，都遵守祂的原則，便能長壽。耶穌在人世時強調上帝對於生活的原則，因為祂希望追隨者的壽命都能長久圓滿（約翰福音10：10；彼得前書3：10）。祂的話包含生活的原則（約翰福音6：63），當眾門徒

在祂復活之後，問起這些生活原則時，祂從摩西和眾先知開始說起，明白指出經上與自己說過的真理（路加福音24：27）。所以，當使徒保羅說：「聖經都是上帝所默示的（或作：凡上帝所默示的聖經），於教訓、督責、使人歸正、教導人學義都是有益的。」（提摩太後書3：16），祂是在告訴我們這些信息有深厚的益處。

永生已應許給那些信靠基督的人（約翰福音3：14、16），此信仰會引導信徒一生追隨上帝的原則，其好處現今可以看到，並且在未來有永生。滅亡則無未來可言的。

科學發現

關於飲食與健康的問題，有許多盛極一時的風氣。在最後一段討論中，讀者可以看出，我們對於健康生活所採取的觀點，不論是在聖經或是科學發現中，都是沒有差別的。我們尋找最可靠的資訊，並提供讀者網路上便可免費獲得經過驗證過的科學資訊；[59]這裡，將簡短探討一些目前廣受關心的問題。

補充品，誰需要它們？

7 礦物質補充品

問題 若我們吃多種水果、蔬菜與堅果，能不能獲得充足的礦物質？

回答：通常，吃多種植物食品能確保提供充足的礦物質。在前一章我們探討特殊需求的團體，發現其中有些細節需要特別的關注。

許多國家在鹽中加碘，以預防因為碘質的不足而發展出的身心遲緩。孕育植物的土地中欠缺碘質，會使約十億人口有缺碘的危險；中國的部份區域還需要硒的補充，以克服因為缺乏硒所造成地方特有的心臟疾病問題。[60]這很明確地證實了創世記3：17中，所提到某種詛咒的意義；現今世界已與創世記時的世界不同了。

8 維他命補充

問題 若我們吃多種水果、蔬菜與堅果，能不能獲得充足的維生素？

回答：新鮮的蔬菜水果，是大部分維生素的豐富來源。老化對人體是很殘酷的，免疫系統會逐漸衰退；當人體要對抗感染性病原體時，免疫系統是不可或缺的，而免疫功能會受到營養素的影響，缺少完整的胺基酸、脂肪酸、維生素與礦物質，會減弱免疫系統的功能。維他命 E 與鋅濃度的提高，可以增進免疫系統功能，但是過量還是會造成損害，科學研究建議，老年人口補充維他命 E 很有益處。[61]嚴格遵守素食生活形態的人，需留意維他命 B$_{12}$的攝取；嚴守

素食主義的人（不食用肉類、奶蛋與乳酪），通常免疫血清中的維生素B_{12}含量很低；有時奶蛋素食者（食用乳製品與蛋）的免疫血清含量也是偏低的。嚴格遵守素食者必須補充維生素，以達到維持身體健康所需的濃度。[62]大豆製品中的譚培（一種傳統印尼食物），是根據細菌活動製作，過程中有時候會產生適量的維他命 B_{12}，[63]素食者須特別注意缺乏維他命B_{12}的問題。

其他特殊團體的人也許會需要維生素補充錠來增進健康，但風靡全球的維生素錠有其不當之處，過度攝取會產生危險，甚至是轉變成為毒性物質，或是干擾正常的身體運作。

飲食與健康
9 癌症

> 問題 有什麼飲食建議是能明智的將消化道癌症風險降到最低？此建議是否也適用於其他癌症？

回答：保守估計有30～40％的癌症是可以預防的，運動、體重控制與適當飲食，是降低風險的主要關鍵。這個道理很簡單。食用大量燒烤、油炸或是醃漬與鹽漬產品與飽和脂肪酸，會增加罹癌的風險；食用水果與蔬菜則會降低。在華人地區中常見的十字花科蔬菜（甘藍菜、花椰菜、羽衣甘藍等等），則能預防罹患結腸癌，還有許多其

他的植物也含有防癌物質。而纖維素是另一個重要的植物性成分，可以減少糞便通過的時間，以及其他的益處。（提供腸內有益細菌的量）

　　這表示所有的穀物、水果與蔬菜對於降低消化道癌症的風險很有益處，了解的人就能避免飽和脂肪與其他有害物質；而注重養生的人便會重視植物性天然產品。[64]

🔟 胃潰瘍

問題 濃烈的香料是否會傷身？

　　回答：對，根據科學證據，濃烈的香料的確會傷身，如胡椒、辣椒、芥末、肉桂等香料，會刺激胃部；當我們將這些與焦慮忙碌的生活步調相結合，就會傷害到胃壁黏膜，罹患胃潰瘍的機率則會升高。科學研究指出，經常吃重口味的食物（例如吃大量辣椒）對身體健康會造成不當的影響。[65]

🔢 心臟病

問題 簡言之，我們如何才能使心臟跳動更久？

　　回答：若我們需要降低我們的膽固醇指數（低密度脂蛋白，LDL），

我們就需要避免或減少蛋、肉與全脂乳製品（包括乳酪）的攝取。減量攝取含有飽和脂肪酸的油脂食品，也能降低心臟的負擔；若要徹底執行，也應考慮降低椰子油與棕櫚油的攝取（此兩種油含有飽和脂肪酸），以及動物性產品。不過，因為魚類含有對人體有益的Omega-3多元不飽和脂肪酸（堅果與豆類是好的植物性來源）所以在動物性產品中是個例外，不過就另一方面而言，魚肉還是具有一般含量的膽固醇。[66]

　　好消息是，我們可以藉由運動、壓力管理與選擇較少脂肪的飲食，來改善身體的狀態。我們可以選擇食用含有多元不飽和脂肪酸的食物（例如玉米、向日葵與大豆）或是單一不飽和脂肪（例如菜籽油、橄欖與花生）的食用油。我們加入富含維他命E的食物（種子、堅果、蔬菜油），類胡蘿蔔素和類黃酮素，就可以降低危險的脂蛋白形成。類黃酮素存在於新鮮、成熟的植物性食物與莓果類中，果皮裡的含量比果肉中多。水果與蔬菜中黃色、橙色與紅色色素是類胡蘿蔔素的色素。這表示我們要吃足夠的新鮮蔬果，還要多食用堅果，若想降低心臟血管疾病的風險，大豆和其產品在降低血膽固醇含量這方面尤具價值。[67]

12 糖尿病

問題 1.為什麼糖尿病在我們的社會中增加迅速？

回答：糖尿病是在澳洲與其他西方國家中，顯著而日增的公共健康議題（澳洲死亡率約有7.4%，土著團體中的死亡率有16.4%），但這趨勢蔓延到亞太地區。糖尿病（（尤其是乙型糖尿病，也就是非胰島素依賴性糖尿病）可透過控制危險因素加以預防或延緩。維持標準的體脂肪與適當的運動，是預防糖尿病發生的關鍵；避免精緻的飲食，並了解穀物與蔬菜的價值，對於健康是很重要的。[68]

糖尿病會提高罹患心臟疾病、腎功能不全、眼盲與截肢的風險；乙型糖尿病中，血糖濃度因為身體細胞無法對胰島素產生正常的反應而提高，但事實上細胞很欠缺能量，因此被迫從蛋白質與脂質中獲取。[69]

藉由吃澱粉類、高纖碳水化合物，能使血糖控制較為簡單；蜂蜜、非酒精飲料、糖果、餅乾、果汁這類的食物中所含單一碳水化合物則不行；再者，蛋白質不要過多，勿過度攝取脂肪；且不要過量進食，別在電視機前用餐；對所有脂肪與糖類食物，以及第二份餐點說不！控制你的食欲，[70]記住，與肉食者相比，素食者罹患糖尿病的風險更低。[71]

問題 2.什麼是升糖指數？我們該如何看待這個指數？

回答：升糖指數是一套系統，表示碳水化合物使血糖升高的

速度與強度所分成的級數，升糖指數數值越高，越需注意食物的食用，因為經常性的血糖驟升對健康會造成不良的影響。升糖指數在高度處理過的產品中很高，食物處理得越精緻，該指數的數值也就越高。而目前只要上網查詢這個指數，便能正確地選食物。[72]一般建議是食用經過最少處理的食品，並且避免糖分與清涼飲料。我們還要分辨出，有些水果所含的自然糖分就很豐富，但卻不像某些澱粉食物會讓使血糖急遽升高；糖分貯存於食物中的方式十分重要；纖維與其他營養素，也會影響糖分進入血液中的速度。[73]

🔢 功能食品

鑰節 提摩太前書5：23
問題 我們從使徒保羅給提摩太關於酒的使用建議中，可歸納
　　　出哪些資訊？

回答：有些人以這一節經文來辯護日常飲酒的正當性，精確翻譯這節經文：「因你胃口不清，屢次患病，再不要照常喝水，可以稍微用點酒。」這裡講到的藥品應該與亞里斯多德、蒲林尼等人提到的藥品類似，通常這類用藥會用到未發酵的葡萄汁攙水，[74]這個建議讓我們思考在新聞媒體上所引發的類似辯論。

目前某些社會中有的辯論，圍繞在食物中特殊的植物性化學物

質對健康所提供的益處上。紅酒已經顯示出含有一種成分（紅酒多酚），能降低心臟疾病的風險，而且在動物實驗中已顯示出是抗癌成分。事實上此成分，也存於葡萄汁與堅果當中，[75]不過，這項事實並未讓大眾知曉，釀酒業尤其留意避免此項事實的流傳。

14 食物添加物

問題 吃添加特別化學成分的食物比較好，還是吃天然產品比較好？

回答：功能食品有這個名字是因為它們含有活性成分，可比原有的基礎營養素提供更多的益處。像黃豆、燕麥、亞麻籽、大蒜、茶、魚、葡萄、堅果和有添加物的人造奶油這些食物，據說能預防心血管疾病的發生，若長期適量食用，這些食物可降低疾病風險。[76]但顯然，這些宣稱的功效都尚未收集到證據，要注意科學群體只是宣稱，這些食物「可能」可以減少疾病。

食品添加物所扮演的角色是去除人體的自由基或是循環系統的活性氧分子，這些自由基原本就會不斷被製造出來，但是在某些特定的疾病狀態中，以及在耗氧率非常高的狀態（激烈的工作或是運動）會製造出更多自由基來。這些自由基十分不穩定，會破壞身體細胞膜的結構，因此移除自由基對健康有益。此類食物成分叫做抗氧化

劑，通常為植物來源（植物化學物質），據說抗氧化劑能幫助預防癌症、動脈硬化、中風、風濕性關節炎、神經退化性疾病與糖尿病；[77]以下將會評論其中幾種食物的成分。

醫療界對地中海型飲食與其在健康效果上的正面貢獻感到神奇，而目前亞洲式飲食（植物為主）也逐漸受到科學界的重視。[78]

在檢視地中海飲食之前，先提到那些以牛油取代橄欖油為主要脂肪來源，並攝取大量肉類的人，無法減少心臟疾病的發生。地中海飲食裡其中一種重要的食物成分就是含有茄紅素（一種抗氧化劑）的蕃茄與其產品。許多研究指出茄紅素的多寡與降低冠狀心臟疾病與癌症的風險有關；[79]換言之，證明茄紅素確實有其益處。

地中海飲食另一個重要的成分是橄欖，事實上，橄欖是這種飲食主要的脂肪酸來源，這種單一不飽和脂肪酸能發揮許多益處，其中有些是因為其含有抗氧化劑。橄欖油能降低LDL（低密度脂蛋白）的指數，而總體膽固醇和HDL（高密度脂蛋白）指數則維持不變，[80]以及降低動脈硬化和癌症風險，對於有糖尿病、風濕性關節炎、胃潰瘍與膽囊等相關問題也有幫助。[81]

在穀物中添加葉酸有助於減少脊椎裂傷的發生，而這樣的加工方式，並未發展至其他的食物添加物上。舉例來說，人工合成的 β

胡蘿蔔素，可能會提高致癌的風險；[82]還有，有些人可能因為特別偏好某種加工食品（例如小餅乾），因而攝取過量的食品添加物。其實，崇尚自然才是最安全的。

15 食物的基因改造

問題 基因改造過的食物是否安全？

回答：現在的植物與在伊甸園中所創造出的植物已不相同，這是很重要的一點，許多人會遺忘這項事實，導致在飲食上做出不當的選擇。有些植物不易吸收養分，必須經過基因改造才能從土壤中吸取足夠的養分。在特殊情況下，例如部份亞洲地區、加勒比海與拉丁美洲這些地方，有數百萬名孩童因為缺乏維他命A而導致夜盲症；在這些地區使用基因改造過後的黃金米，便可預防缺乏維他命A的情形發生。姑且先不論對於使用此種食物正反兩方的論點，不過，我們可以由紀錄上看出，在美國境內使用基因改造食物多年並未發生任何問題。至於可能發生的潛在問題，還是小心為上，例如曾發現有些食物受到那用來製藥的基因改造產品所污染，這樣的錯誤影響層面很大。[83]

3 正確的健康

　　我們都知道買了新車、新工具或廚房用品時，要先看使用說明書。為了保護我們的東西，我們會小心翼翼地遵守說明書的指示；了解商品的正確使用方式。

　　人體也是一樣，人體比任何機器都要複雜，如果我們了解體內的運作機制，就可以保護它。如此一來，人體能維持較久的正常運作。我們若接受這樣的觀念：人類是由至高無上的上帝所創造出來，那麼們會期望祂有留下指示，說明如何保護這個精密的身體，以免損壞。為了驗證此觀念是否合理，我們會從已知的科學知識中觀察它們是否與聖經（基督徒相信聖經是上帝為了賜福人類而給予人類的指導手冊）中的指示相符合。

　　對於那些想要證實聖經可信的人，我們會根據聖經闡述我們的理論，並提供其他文獻的記載；對於那些以演化論點解釋人類起源的人，我們就提出那些用不同方式呈現的科學證據，支持確實有設計者參與人類的起源。願意接受這些證據的人，會因科學家（不信創造來自虛無的人）對於我們的起源有這麼多問題而感到驚訝，他們一定也能對學校及其他相關教科書中的論點，提出適切的判斷。有些證據可以解決這個難題，以致於相信上帝在六天之內創造出世界的論點，變得不是特別困難。[84]若我們不相信有至高無上的上帝創造了

我們，那我們在這個世上就失去目的，而朝著滅亡前進，大部分的人覺得這樣的想法令人不安。就讓我們以有意義的方向與科學論點開始。

飲食選擇

　　現代已開發國家中，可能採用幾種的飲食方式，而我們也注意到未西化世界中某些以植物為主的飲食習慣，傳統的亞洲飲食就屬於此類型。在飲食方面包括葷食和素食兩種。肉食者通常不會偏好特定肉類作為飲食，除非受到宗教信仰的禁忌規範。在葷食者中，有一群有趣的人對地中海飲食特別愛好，就我們所知，地中海飲食能攝取到的肉類有限，且主要的脂質來源是飲食中橄欖油所含的不飽和脂肪酸。這種食物含豐富的醣類、纖維並且含有抗氧化劑和植物化學物質（這部分我們會在下一章中討論，因為科學界已廣泛研究過這種飲食與亞洲飲食有許多相似之處）；酒已融入地中海飲食的一部分。[85]

　　形成鮮明對比的一群人稱為素食者。廣義的素食除了以植物為主要飲食之外，還包括了以乳、蛋、魚類作為補充；而狹義來說，只食用植物作為飲食來源的人就是嚴守素食者（Vegans）。有很多不同的素食者，但在這裡我們指那些選擇了長壽生活型態的人，他們採用了全素的生活型態，食物選擇有高度的限制。[86]

　　許多有益的飲食成分與素食息息相關。[87]

•**高纖**：素食飲食中富含多樣的天然纖維，能降低罹患結腸癌與直腸癌的機率。

•**植物化學物質**：植物化學物質在對健康相當有益，將在下一章中討論。富含蔬果的飲食就有大量有益的植物化學物質。

•**不飽和脂肪酸**：植物為主的飲食富含不飽和脂肪酸。植物油中除了椰子油與棕櫚油之外，飽和度都比動物性脂肪低，其好處之一就是素食性的飲食會降低血壓與減少心臟疾病。

聖經觀點

　　營養學快速增加我們對食物的知識，以及食物對人體的影響。聖經只寫出要點未提及其細節。接下來，我們會探討這些要點。但在這之前，我們要先說一些關於創世記的事情，這樣我們才能了解創造我們奧妙身體的造物主與祂留給我們的指示。

開始

1 創世記事件的長度

> 鑰節 創世記1：26、27、31
>
> 問題 聖經中對起源的解釋，人類是在哪一天被創造出來的？

回答：聖經中說造物者在創世記那一週中的第六天創造人類，當我們考慮到聖經中呈現的證據時，這些天的長度應該是24小時。如果我們對這段話有疑問，想尋求背後隱藏的意義，聖經就變成有待探討的手稿；在這些課程中，我們視聖經為被啟示的書。[88]

故事內容只簡單敘述上帝在創造天空、海水、陸地、植物與其他生物之後，按照祂自己的形像創造人類；上帝刻意如此，因為祂要人類做祂整個創造的照料者，負責管理世界，換句話說，我們被造是經過設計，並且有目的要我們去完成的。人類為為創世記的最高作品，從一開始，就被賜予高居動物之首的智力、道德感以及思考能力。

2 萬物的起源

鑰節 創世記1：1、2
問題 我們如何解釋宇宙萬物的起源？

回答：當我們談到起源，不論相不相信演化論，最大的問題是：「宇宙萬物最初究竟來自何處？」聖經說上帝並未倚靠預先形成的物質。

不論是相信演化模式，或是相信上帝從一開始即創造出完整

的、可辨識的人類，他們的問題都相同。每個人都必須操練其信心，不論是對人類想像力（演化模式）的信心，或是對上帝話語（聖經模式）的信心都如此。正如虔誠的信仰者所相信的，演化模式以科學的角度來看，無法解釋宇宙大爆炸理論創造的時間點，它「缺乏一個起始」。[89]有位卓越的科學家在寫給國際著名科學期刊《自然》的文章中表示：「宇宙大爆炸完全只是想像」。[90]至少，相信神的人有比較美好的未來，感覺有目標，生活也過得比較好，這是哲學家兼數學家布萊斯巴斯卡，在他《思考》散文集裡的〈賭注〉這篇文章中，真正所要表達的重點。[91]他主張若我們相信有上帝，且上帝的確存在，我們就會全贏，並會享受到更加無窮的快樂生活；若我們覺得沒有上帝，但上帝的確存在，我們就會從現在開始陷於苦難中直到永恆的未來。

3 人類的起源

> 鑰節　創世記2：7
> 問題　上帝以什麼物質創造亞當，其生命之氣又來自哪裡？

　　回答：上帝以泥土捏造第一個人類，然後將「生氣」吹入其鼻孔中，因此我們有簡單的信息，塵土＋生氣＝生命（或有靈的活人）；在死亡時，這個次序會反轉：活人－生氣＝塵土。基督教經典在這點上很明確——上帝說：「你本是塵土，仍要歸於塵土。」（創世記

3：19）當所羅門寫到死去的人時，他說他們「毫無所知」，形容他們對於家庭成員生活中所發生的事情全然不知（傳道書9：5、6）。此外，詩篇作者告訴我們，他們「不能讚美耶和華」（詩篇115：17）。為了讓這個概念完全清楚，使徒保羅進一步肯定在耶穌第二次到臨時，會有個人的復活，他對此一事件的描述十分生動（帖撒羅尼迦前書4：13-17），這件事發生時，世界一定會知道。

大部分的基督教世界對這些想法很陌生。在耶穌升天後的第四、五個世紀時，教會厭倦了等候耶穌第二次降臨，開始告訴信徒死後可立即上天堂；在此之前，他們相信個人死後會留在墳墓中，而不是認為靈魂在死後會上天堂。[92]「靈魂」這個詞在基督教世界中，一般視為「是我們藉以思考、感覺、意志和身體有活力的內在根源」。[93]這與我們在問題三之後第一個評論所給的訊息並不相同。

4 創造的目的

> 鑰節 創世記1：26、28
> 問題 上帝給人類家庭的責任範圍包含什麼？

回答：創造世界背後有個目的存在，這顯示了上帝的智慧與特質（約伯記38-41章）。祂給人類設定了一個明確的角色，包括照顧

這個生態系統，並且居住在這無人居住的地球，一切都要保持著平衡，這樣上帝所創造完美的世界，才能維持在良好的狀態（與啟示錄11：18比較）。相對之下，科學無法為一個偶然產生的宇宙想出它存在的目的（有些人甚至主張也許上帝頒了律例之後就離開了）。若能發現宇宙存在的目的，將會是「人類理性的最終勝利」，這種說法很有道理。[94]

5 造物者的身分

> 鑰節 約翰福音1：1－4、14
>
> 問題 聖經中哪一種神性是創世記中最顯著的部分？

回答：基督是有神性的人，上帝將氣吹入泥土模型中，創造出第一個人類，這是很重要的一點。當我們進一步理解聖經時，我們會發現是基督再造人類，並且將人類放在一個罪與毀滅永遠不再出現的新世界裡，這是基督教希望的基礎。

6 飲食安排

> 鑰節 創世記1：29
>
> 問題 在創世記中所描繪的理想世界裡，人類是素食者還是肉食者？

毫無疑問，最初的飲食是以植物為主，造物者給了一切結種子的菜蔬和一切樹上所結有核的果子，因為它們代表最佳的飲食，肉和肉類製品並未包含在內，因為死亡與毀滅不存在於這個理想世界中。死亡是在罪進入之後才來到的（創世記3：2－4、21；4：8），先人以爪牙進行野獸般血腥爭奪，這樣的說法並沒有聖經根據。

我們還可以從聖經中推斷出另外很重要的一點，就是最初人類在自然界中取得天然食物後就吃下去。我們已經探討過關於經常食用精緻食物的危險，精緻食物使我們缺乏礦物質、維生素與其他保護的物質。

⑦ 引入肉食

> 鑰節 創世記9：3、4
>
> 問題 上帝何時擴大人類的飲食選擇？

回答：人類飲食在前述經文提到的大洪水後擴大，[95]我們並非指人類在此之前，沒有將這些食物加入飲食當中，只是單純地確定上帝確實准許食用肉類。其理由不難想像，因為大洪水大量毀滅植物與樹木。

上帝對肉食的態度，也許在以色列人成為奴隸從埃及沿著西

奈沙漠到巴勒斯坦途中，所紀錄的兩件事情最為生動。在這趟旅途中，摩西接受上帝的引導帶領他們，這段紀錄中顯然就有神協助的特別例子。當他們吃完從埃及帶出來的食物時，上帝給了他們所準備的食物，叫做嗎哪，又稱天使的食物（出埃及記16：4）。[96]當他們嚷著要肉，祂送給他們鵪鶉，但是由於他們的暴食以及儲存食物，他們很有可能是因為嚴重的食物中毒而受苦（民數記11：32、33）。我們的鑰節不應該被當作是任意食用動物血肉的建議，這部分我們會在下一個問題中闡述。

　　我們希望在此多介紹一個補充資訊：以色列人是在埃及準備肉食，且在野地中用高溫處理它（出埃及記12：8），這幾年有個顯著的危險，就是致癌物質會在高溫處理肉類時產生。煎與烤會產生那會誘導有機體突變的物質（亞硝酸鹽類），這項知識已鼓舞某些人開始在烹煮過程中使用微波爐來烹煮。（編者註：近日有學者指出微波爐會產生對人體有害的微波輻射，使用時要注意安全性。）[97]

環境改變後的健康
8 飲食建議

> 鑰節 利未記11：2－4、9、10、13－19
> 問題 上帝對於祂認為適合作為食物的肉類，是否有提出限制？

回答：我們將精確指出哪些動物是潔淨的，哪些是不潔淨的。指出哪些動物可以吃（潔淨的）以及哪些動物不可吃（不潔淨的）。事實上，在大洪水之前人類就已經知道這樣的分別（創世記7：1、2）；簡言之，這個建議說明了可食用的動物和鳥類主要吃草、種子與昆蟲；可食用的水中動物則是那些含有鱗片與鰭的魚類，這表示許多種類被排除在外。

幾百年後又有幾個耐人尋味的資訊，使我們確信，這些指示也適用於現代。首先，在此先提到耶穌在復活後吃的是魚，甚至為其信徒準備了包括魚的膳食（路加福音24：41、42；約翰福音21：10－13）。接下來是使徒彼得的有趣經驗，彼得和早期基督教教會對潔淨與不潔淨動物的嚴格區分，被用來教導一個有關「反對種族偏見」的靈性課程，以對抗種族歧視（使徒行傳10：10－16），這段話不是要搖動人們去偏離那由彼得行動所顯示的偉大飲食準則（17－23節）。

事實上，之後所召開的一次教會會議，就建議要守住上帝頒給摩西的飲食規則，之後甚至不允許食用含血的肉，正如摩西最初提出的概念（使徒行傳15：20；與利未記3：17相較）。不可避免的，這個建議包含禁止食用自然死亡的動物血肉，或是被野獸殺死的動物，因為這些是沒有放血的屍體（利未記17：14、15；申命記14：21）。百姓不能區別潔淨與不潔淨的動物，這實在很令人感到不可思議，因為禁止吃血的禁令與使徒行傳所提到的這個訊息密切相關（比較申命記14：3－21）。

9 健康與疾病

鑰節 出埃及記15：26
問題 上帝允諾那些遵守自然誡律的人什麼福氣呢？

回答：食用肉類與肉製品會提高疾病風險，已有確切的科學根據。[98]人們通常會對上述提到的動物分類提出疑問。首先，有些無鱗的如魟魚、鯊魚、甲魚與螃蟹都是有毒的，尤其是河豚與其親族常帶有極強的河豚毒素。[99]

第二，最合理的觀點是，一般來說，我們不食用的動物，都是那些以骯髒食物、死屍等為食的動物。以豬為例，豬通常吃廚餘維生，因此產生後果。澳洲著名科學家高德史密德教授幾年前發表的一篇文章中就說：「豬肉……是許多人類重大疾病的來源，包括住血吸蟲病、旋毛蟲病以及豬肉條蟲……」，[100]這些疾病的發生率在世界各地不大相同。豬肉條蟲仍廣佈於中南美洲、亞洲與非洲，感染人數高達數百萬。會導致癲癇痙攣甚至死亡，因為寄生蟲的幼蟲（囊蟲）會居住在眼或腦中與皮下。[101]

上述疾病之一的弓漿蟲症，需要更多的說明。此疾病由一種相當常見的寄生蟲引起，通常會在居家貓類或齧齒動物身上找到，所有的孕婦或是在懷孕前受到感染的人，都該特別注意，感染這種

寄生蟲會導致死產，更可能會引起各種併發症，包括眼盲與腦部傷害。寄生蟲會隨著未煮熟的羊肉、牛肉或豬肉吃入人體，也散佈於貓的排泄物中；與生肉接觸的食物或器具，也可能受到交叉感染。科學家對這個疾病特別關注，因為接觸到此疾病的人會對反應時間（reaction times）產生不利的影響（汽車駕駛尤其應該注意）；並有案例顯示出這會導致精神分裂症，所以後續研究值得注意，目前尚未有定論。[102]

10 飲食選擇與健康

> 鑰節 士師記13：7、13、14
> 問題 是否有任何跡象顯示，待產孕婦的飲食，會影響胎兒的行為或健康嗎？

　　回答：孕婦的飲食會影響到未出生的孩童行為與發展，這是一個相當現代的概念，但有跡象顯示，人類根據傳承的生活經驗和民俗知識知道會有這樣的影響。參孫的母親會避免所有的酒類以及相關產品，以遵守拿細耳人的誓言；[103]懷孕時避免飲酒，是有科學根據的。腦部的發展十分敏感且易受傷害，甚至一點點酒精就會傷害甚至是摧毀胎兒的腦神經細胞；[104]現在，我們也理解到母親的食物中缺少葉酸與維生素 B_{12} 與天生畸形的關係。出生前的飲食可能會影響糖尿病、高血壓與以後的健康狀況。母親的飲食與後代健康的

關係，是人類醫藥發展上最令人有興趣的領域之一。[105]

11 飲食選擇與容貌和思想清晰度

> 鑰節 但以理書1：8、11、12、16
>
> 問題 是否有任何指示顯示，簡單的飲食會影響外貌與清晰的思維？

回答：這是個很迷人且不需要多加註解的故事，故事中我們注意到的第一點，就是描寫得很突出的猶太俘虜，選擇素食與水取代豐盛的王膳與酒。大家都知道以植物為主的飲食比較好消化，而且腸道中食物通過的時間也比較短。這說明食用豐盛王膳之人，缺乏警覺以及持久的注意力（注意高脂肪飲食），或單純地患有便秘以及腸憩室疾病。[106]

我們此處注意到的第二點就是外貌與飲食有關，對此可能的解釋是，看起來「老化」的族群是因為放縱自己飲用過量的酒精飲料，而看起來較有活力的族群則遠離酒精；將此概念落實在我們的生活中並不難。

12 飲料攝取與健康

鑰節 出埃及記17：1－3、5、6

問題 造物主推薦給人類的飲料有什麼？

回答：沒有跡象顯示創世記時有開香檳慶祝。上帝所選的提神飲料，在以色列人於曠野中流浪時有提到；祂選擇平淡的水（出埃及記15：23－25），並且允諾「賜福與你的糧與你的水」（出埃及記23：25）。我們在之後的章節中，會闡述有害物質與它對健康的影響。

影響身體健康的因素不是只有飲食而已

13 身體健康不只靠飲食

鑰節 創世記2：19、20

問題 1.從創世記開始，精神活動就被賦予了什麼樣的重要性？

亞當第一個舉動就與精神活動有關，因此突顯了精神的重要性；飲食與精神健康以及與精神活動的豐富性有關。在斯諾頓博士所引導的一個有趣研究中，發現歷經過智力刺激並且從小就展現豐富詞彙的修女，在對抗腦部退化的疾病侵襲上，比那些未展現出這些特質的修女更有抵抗力。我們並不是說所有證據都支持這個推論，但我們該提供我們的孩子豐富想法與符號的精神糧食；[107]這恐怕並非大部分電視節目製作人的意圖。

鑰節 創世記2：21—24
問題 2.從亞當與夏娃是創造出來彼此作伴的事實，我們能歸納
出什麼結論？

回答：人類本來就是群居的動物，身體健康有賴於社會結構的維持。戰爭或是鎮壓性政權所帶來的分裂，會毀壞社會架構，因而造成有害的結果。[108]現代世界中我們所承受的壓力，對家庭結構也會造成破壞性的後果，影響孩童的健康與適應。[109]

鑰節 創世記2：2、3；詩篇95：6
問題 3.上帝特別將最後一天訂為假日，我們該如何理解這點？

回答：上帝訂這日用以休息、放鬆，以及培育我們的心靈（馬可福音2：27、28），這天是創造週的第七天，也是最後一天（創世記2：1—4），是西方曆法中的星期六。敬拜的唯一依據就是上帝創造了我們的這個事實；其實心靈生活對身體健康也很重要，近年來科學家發現到。有從事心靈活動的人，活得比較長久，也有較好的人際關係，且較不會緊張、沮喪或是產生自殺傾向，據說也有較好的生活品質。[110]聖經中確立此一原則，並且透過耶穌在治療一位癱瘓男子的肉身之前，先注意他的心靈狀態，而將此原則清楚地闡述出來（路加福音5：17—26）。

我們也有所羅門王所給靈感的勸勉，他告訴我們，若能多加注意上帝的話（靈性勸勉）並照著去行，將會有好的「健康」（箴言4：20－22）。

　　安息日是讓我們與神聯繫，讓我們的身體休息、信徒彼此勸勉（希伯來書10：25）、增進家庭情感（瑪拉基書4：6）；它是在我們腦中謹記上帝賜予我們價值觀與目標的一段時光。生命中具有目標感，會對我們的心靈健康有幫助。[111]

> 鑰節 創世記3：17－19
> 問題 4.我們可以從上帝在罪惡進入世界後給亞當的指點中，得到什麼原則？

　　回答： 我們在第二章中已提到，運動對於維持健康有相當大的重要性，身體健康能維持腦部正常的運作。有運動習慣的人到了老年，比起缺乏運動的的人，較能免於承受腦組織流失之苦，在精神方面表現也比較好。經過動物測試顯示出，有規律的運動習慣對身心健康有相當多的益處。[112]

清晰思考

　　幾千年以來，人類已顯示出有能力找到自然界中的生物活性物質，中國人幾乎在基督誕生前三千年就懂得大麻，而波斯人就普遍使用麻醉藥。[113]有些古老的考古遺址有證據顯示，人類會服用轉換精神的食物。現在的土庫曼某遺址中，最近挖掘出一個約西元四世紀宗教活動的建築，裡面有奉聖火的祭壇，以及提振精神的飲料「索麻」，這是祆教的一部分。教士飲用這種會導致迷幻的飲料（迷幻藥）後，就能與靈界接觸。歷史學家希羅多德在敘述塞西亞人葬禮的相關儀式時，很清楚描述出印度大麻在中亞的使用狀況，這應該是因為印度大麻能導致一種愉悅的恍惚狀態；此區以使用鴉片著名，近年來再次受到阿富汗歷史學家的關注。這個高度致癮物質，會導致迷幻狀態與產生幻覺的作用，在歷史上，已使用很長的一段時間。[114]

　　中國使用興奮劑甚至可以回溯到五千年前，當時灌木類的麻黃被用以治療氣喘與其他呼吸道問題，現今仍用於中藥飲品中。此物質以另一種形式進入西方醫藥中，最初出現在一般的冷抗凝血劑「蘇達飛」中。當用量達到一定程度時，活性成分偽麻黃鹼以及其衍生物（安非他命）會刺激中樞神經系統，產生歡愉的感覺，由於這樣的特性，包括印地安人等也會使用麻黃。[115]還有許多其他國家人民使用提振精神藥物的歷史紀錄，[116]而現在幾乎每個社會的邊緣次

文化，還會使用這樣的物質；在主流文化中，是使用效果溫和的酒精；而咖啡因產品則是世界上服用最廣泛的提神藥物。[117]

　　人類行為中，不是只有服用藥物會影響健康與清晰思考，在某些文化中，暴食的行為也如瘟疫般感染了許多人，這並非現代才有的現象，古人也會受到飲食所產生愉悅感的誘惑。根據記載克勞第凱撒不僅喜歡過度飲酒，且參加宴會必定暴食，有時候甚至會吃到昏倒。[118]

生活型態與健康

　　我們從事某些娛樂性活動所造成的反效果，近些幾年來越來越明顯。現在幾乎舉世皆知肺癌與抽菸間的關聯，並且知道印度大麻破壞力更強。抽菸與罹患肺癌間的關係已確立，甚至是吸入二手菸，在部分國家也成為關注焦點。[119]使用強烈藥物有害健康已有科學根據，但還是有許多人，很難向他們灌輸注重健康這個態度，特別是年輕人。

　　對於較溫和藥物的爭論，由於已有發明監控腦部活動的高精密顯像儀器，而達到新的領域。酒精一直是人類史上最廣泛使用的社交藥物，年輕人之間的酒會，又多了新層面的憂慮；根據推測約有七百萬名12～20歲間的美國年輕人，一個月至少豪飲一次。若我們考量到動物實驗的結果，就知道這些過度飲酒的活動對精神會造成

十分可怕的後果。[120]

　　尚未成熟的腦部組織很容易受到酒精傷害，動物實驗指出，頻繁接觸酒精會干擾腦部正常的發展。以老鼠做的實驗顯示，經歷一次過量的飲酒量，就會造成神經組織衰退，導致學習與記憶損傷。事實上，濫用酒精的年輕人，其腦部與學習記憶有關的海馬丘都顯著較小；這些年輕人在視覺與記憶測試上，成績比沒有過量飲酒的對照組要差得多。[121]

　　令人驚訝的是，有些飲食失序行為是使用上癮物質的替代方案。暴食者的狂飲行為也許算在此範疇之內。從行為與心理學觀點看來，自我挨餓（厭食症）與不正常的食慾，都會產生一種愉快的感覺，與上癮行為的感受相類似。[122]

聖經觀點

　　即使聖經是在很久以前，由許多作者寫成，但它所提供的建議卻很一致。當我們看聖經事例背後的原則時，我們會很驚訝地發現，這與現代生活密切相關，它提出一個觀點，認為永恆世界才是最重要的。

救贖與行為
1 身體與精神不可分割

鑰節 哥林多前書12：12、13、20、21
問題 我們該視身、心為不同的部分嗎？

回答：聖經中主張身心為一個整體，作者以此作為比喻，基督的身體，也就是教會，也應像機器一樣良好運作。身體裡的器官應當和諧地共同運作，教會的成員也該如此。

大腦是個很奇妙的器官，有思考能力並會產生情緒，是其他器官無法達成的；大腦與其他器官不同，導致部分西方哲學家多年來一直以為身體與精神是分開的。現在已無這樣的區別，我們已經理解到大腦是個器官，其中會產生精密複雜的電子傳遞訊號。我們行為上的改變可能和化學與電子訊號的改變有關聯；精神上的疾病也可以用相同的說法來解釋。心理和生理互相影響，所以，如果某部分產生問題，便會影響到另一個部分。體內如肝臟這樣的器官有所改變便會影響精神，而腦中產生悲傷焦慮的情緒則會影響到整個身體，這表示體內每個器官的健康都是緊密相連的。[123]

2 改變想法，棄絕無意義的享樂

鑰節 羅馬書12：1、2
問題 當一個人成為基督徒時行為必有所改變，其祕訣是什麼？

回答：剛信主的基督徒知道上帝珍惜他的生命。最初上帝按照自己的形像造人，並給了人類選擇的能力與道德感。基督降世救人脫離永遠的滅亡。所以，我們理解到上帝對我們的未來有個偉大的計畫，這樣的認知帶來了責任，使基督徒不再將生命浪費在無意義的享樂中，因而毀壞那賦予我們去榮耀上帝的高貴心智。

事實上，我們也要仔細思考這些偉大的宣告，就是在上帝再臨前，要在世上做的事（啟示錄14：6－12）。第一個信息是建議「歸榮耀」給上帝（6節），此建議的來源與那促使使徒保羅寫哥林多前書10：31的來源相同；他清楚地通知我們，要我們在飲食的選擇與其他行為的選擇上榮耀上帝。

3 身體狀況影響我們的靈性

> 鑰節 約翰一書2：15－17
>
> 問題 基督徒對世上的娛樂採取什麼態度？

回答：我們可以參與世界上所有的活動與娛樂，仍能維持與上帝的聯繫，這是個沒有根據的說法。有些早期的基督徒辯稱，既然身體在死亡時會損毀，就代表著身體沒有價值，故身體的所作所為也無關緊要，所以有些人便走入異常的膜拜行為，採用非基督教的儀式，希奇古怪的性行為因此繁盛起來（尼哥拉一黨人）；上帝堅決反

對這些作法（啟示錄2：6）。¹²⁴

　　另一方面的錯誤是以為我們能透過飲食與其他娛樂活動上做出正確的事而獲得救贖。事實上，我們永遠不會透過參與各種活動得到救贖（加拉太書5：4）。這是古老以來的錯誤，以為我們可以靠我們的行為得救。

　　救贖是上帝的禮物（約翰福音3：16），我們的想法會在我們成為基督徒時改變，我們不再渴望大吃大喝、抽菸或從事任何損傷精神與身體的行為，因為，我們對於我們的身分和我們的價值有了全新的理解。我們的行為全來自上帝的救贖，以及我們接受了救贖的這個事實，也來自我們作基督使者的這個想法（哥林多後書5：20）。

增進健康的生活型態

4 生產性活動

> 鑰節 創世記2：15
> 問題 人類應該從事有益的活動，是否為上帝的旨意？

　　回答：造物者在伊甸園中給亞當治理大地的工作，當罪進入，工作還是要持續；但必汗流滿面才得餬口（創世記3：17－19）。基督徒總是渴望被僱用時表現卓越（箴言6：6－11）。為了要維持健康，身體

需要運動，那些曾經在醫院待過的人，由於運動量很少，因此更加肯定這點。運動對健康有益，不論健康的狀態是否良好都是如此；另外，當課表中加入運動項目，還能增強學術表現，並且預防老年時期的記憶力衰退。[125]有益的活動還能提升自我的價值感，並且能紓緩精神壓力，避免誤入歧途。

　　為了使心智敏捷、健康並能從事有生產力的活動，我們需要訓練與運動。早年有豐富的精神活動，已證實能延緩老人癡呆症的發生。[126]我們注意到在上帝最初的計畫中，亞當從一開始就接受嚴格的智力挑戰（創世記2：19、20）。

5 放鬆

> **鑰節** 馬可福音6：31
> **問題** 關於身體與精神在激烈活動後需要休息，耶穌有什麼明智的建議？

　　回答：休息的價值在聖經中在此節表達的最明顯；休息是因為經歷過忙碌的生活。現在，在這充滿壓力的世界中，須遵守這項建議；因為我們的身體與精神都需要休息。

　　此外，每種宗教活動，都會倡導默想以獲得內在的平靜，或找

到精神上的安寧。這樣更能提升身體的平靜與健康。[127]聖經所倡導的默想，是在一個安靜的環境中思考宗教的主題，也許是牽涉到思想基督生平中的情景，或是思想個人展現偉大信心的經驗。[128]這種默想並非用祈禱文或其他反覆性的心理銘句（mental device）來放空心靈，我們應該要捨棄任何無意義想法、聲音、視覺、意象感受的活動，也不適合使用念珠（觸覺重複）之類的重覆性行為，這都應該被捨棄，因為這類因素所產生的精神狀態，類似催眠或下意識的暗示，[129]在這種放鬆的精神狀態中，我們會更加接受自己所產生的信念與想法。[130]

基督徒應避免這類精神放空的活動，是因為耶穌曾說過一個寓言故事，其中所提出的理由（馬太福音12：43-45）；故事中所描述的人被形容成將心靈之屋清空，什麼都沒有裝，結果問題更大。由於遵循東方文化概念所產生的冥想狀態中，人只注重內在，避免外在環境的刺激，或是對任何想法保有尊重，必須不帶批判的態度看待這些論點（是以超然的態度觀看）。[131]這種觀念否認上帝是唯一智慧的來源，這提醒我們聖經給我們的警示：「有一條路，人以為正，至終成為死亡之路。」（箴言14：12），這並不是上帝所設計的救贖之路。

6 無藥的生活

鑰節 馬太福音27：34

回答： 在十字架上，耶穌拒絕了要提供給他減輕痛苦用的苦膽調和的酒，他是為了保持神智清醒。有些人，甚至在猶太人的文獻中，相信苦膽是從罌粟花提煉而成的迷幻藥品。上帝對迷幻藥的態度，在另一段文本中有更進一步的說明。這被翻譯成「邪術」的希臘文字彙，是從pharmakeus這個字衍生出來的（加拉太書5：20），這個字彙也拿來使用在藥物的影響上；[132]啟示錄中有好幾段經文描繪出基督第二次降臨時，那些以藥物迷失自己又不悔改的人，在上帝為真誠信徒所準備的國度中，將不會有他們的位置（啟9：21；21：8；22：15）；[133]這是個很嚴肅的想法。

我們對於使用菸草或大麻等成癮行為的態度，都屬於這個範疇，尤其這些物質對肺部的影響廣為人知。[134]基督徒知道不可殺人的誡命（出埃及記20：13），同樣適用於自殺與他殺的情況；身體需要維持聖潔，上帝不希望我們褻瀆身體，因此我們基督徒的首要相標是藉由展現上帝的愛如何改變我們的行為，而引領他人到上帝面前（哥林多前書3：16、17；10：31）。

鑰節 箴言20：1

問題 2.關於使用酒精飲料，有什麼明智的建議？

回答：這一節明確的經文，是由古時候最有智慧的人所羅門所寫下的，它告訴我們，酒應該要被棄絕。酒精飲料對健康的不利影響，可喻為被毒蛇咬到（箴言23：32），更不用特別強調其與犯罪的關連。[135]聖經中建議為使思路清晰，負責治理國家大事的人應該杜絕酒精等飲料（箴言31：4、5）；同樣的建議也適用於想要清楚邏輯思考，並且明辨是非的人。先知以賽亞很堅持那些使用「有毒性飲料」的人，不能履行公眾要求之事，也無法為上帝帶來榮耀；他相信祂在指認那些祂樂於款待的餘民時，會將這些行為納入考量（以賽亞書28：5－8）。

　　許多人會將聖經解讀成認同飲用酒精飲料，並試圖辯解說，現今人們才會飲用未經發酵的葡萄酒，因此酒精飲料是被允許的。歷史學家與經典作家留下足夠的證據，讓我們可以證明，確實有習慣和方法去保存水果與未經發酵的葡萄汁。[136]此外，聖經中翻譯為「酒」的字，可以使用於發酵與未發酵的葡萄酒，正如古英文一樣。[137]這表示我們必須要小心謹慎，不可妄下結論。

7 休閒活動能增進靈性

> 鑰節 腓立比書4：8
> 問題 1.有什麼準則，能指導我們如何思考與觀察？

回答：我們的想法會被我們所聽到、所看到和所感受到的事影響，如果我們選擇用暴力與殘忍的言行充滿我們的心，我們與他人互動時的態度就會反映出我們的心理膳食（mental diet）。科學界也沒有不同的說法。大眾傳媒（電視、重金屬音樂、ＭＴＶ）教導反社會行為，那些氾濫的媒體業者會辯稱這些對人類行為沒有造成影響，但事實上沒有人會相信這種說法。[138]

社會學專家建議我們，不要提供小孩子具有侵略性的玩具，例如：槍、坦克等玩具。[139]相由心生是老生常談，如果教導孩子合作並給予能提升此合宜行為的適當玩具，這樣孩子便會選擇吸收相關的資訊，進而養成合作的行為。[140]

> **鑰節** 羅馬書13：12－14
> **問題** 2.聖經是否有提到避免從事哪些休閒活動？

回答：狂歡與某些特定的暗示性音樂，與滿足人類基本慾望的活動有關聯，這是眾所周知的。歷史上充斥著生動的記載，而且我們從我們自己的文化就不難理解暴力、粗野、不守法律的作為，會受到酒精、藥物與性的推波助瀾，這是必然的，因為這些都會對腦部產生刺激；[141]這些後果與聖經所記載的相似，上帝對此表現出極大的忿怒（出埃及記32：6、7；民數記25：1－3）。

8 食用行為

鑰節 創世記1：29
問題 1.有哪些食物最初是給人類享受用的？

回答：造物者賜予我們的營養飲食是以植物為主，能讓思考清晰並延年益壽，並能避免產生某些特定的問題。素食生活有很大的益處，我們並非要求所有接觸基督的人，都要採取這樣的生活方式，但是我們認為，新世界的飲食會以素食為主，因為在那裏將不會有死亡（以賽亞書65：25；啟示錄21：4）。

有力的證據指出，減少攝取肉類與精緻食物，多攝取穀物、堅果、蔬菜與水果的飲食，對健康有益。不論選擇何種飲食生活，了解營養與健康等相關議題是很重要的。[142]

鑰節 哥林多前書9：25
問題 2.講到飲食，上帝給了基督徒什麼指導原則？

回答：節制常被眾人所忽略，但是聖經告訴我們，應該要認真追求永生，就如同運動員要受訓練以追求地上的的獎賞（24節）。人若把心放在今世的事上，自然會想要滿足感官（腓立比書3：19）。

　　節制也可以延伸到我們的飲食上，暴食不只是現代的問題，聖經中就曾提到，它是與那些失去重心的人有關的議題（民數記11：4、32－34）。

　　節制也與自我控制有關，這是人生中邁向成功的關鍵。兒童了解並接受自己的行為規範後，就學會自我控制；父母若能慈愛、溫暖又能仔細解釋為何某種特定行為是錯的，以及這對他人有何影響，父母更能有效傳達正確價值觀給孩子。[143]

9 正面態度

鑰節 帖撒羅尼迦前書5：15－18	
問題 什麼樣的心理態度對身體健康有益？	

　　回答：聖經對生活中所面臨到的問題，反應出正面積極的態度。基督徒在具挑戰性的環境中，仍然保有積極的態度，因為他們依靠的是上帝的愛，而且他們承認這與他們的生活有關。

　　積極面對生活中的問題，對健康也會產生正面的影響。我們可以察驗自己對逆境的最初反應。與其陷入絕望中，不如反問自己，該如何突破困境；質疑那些負面的想法。父母與師長在兒童成長過程中所做的每日反應，可教導兒童對生活有積極的態度，對生活保

有正面的態度，起初就算成效不如預期，但還是可以藉著質疑我們對艱苦環境的最初反應來改變負面的態度；如果日後發現起初的方式是正確的，就去想想往前行的方法。比起最早的想法，我們往往會有更多的看法，以致於我們的最初反應顯得沒有根據，或只是部分正確。[144]

有害的後遺症

在現今，我們對於居住地的選擇，通常以經濟層面作為考量依據。我們生活在一個快速變動的世界，一面充滿著致富的願景，另一面也背負生活的重擔。我們生存的環境，人口過度擁擠，財富分配不均；工業化與農業過度開發的後果，從導致空氣污染、水污染、土壤污染的環境惡化中可以看出。

觀光景點吸引人之處，是在於提供了一個有自然美景的環境能使人放鬆，有些人在城市的生活中感到挫折。若能選擇，很多人會選擇一個較安靜、隱蔽，以簡單生活為訴求的環境。事實上，造物者創造我們，不是要我們生活在養雞場層層堆疊的雞籠裡，像要賣到市場的雞群一樣，擠在都市中生活。

在接下來的討論中，我們會檢視有科學根據的城市生活問題，雖然這方面我們已熟知，但在研讀聖經對於世界中所提出的說法之前，先複習這方面的知識。聖經不該當作科學文刊來閱讀，它主要是指出一般原則，你會對書頁中的發現感到十分神奇。

科學證據

在這個部分，我們要簡短回顧一下城市的主要問題。

1 污染

　　沒必要尋找科學證據來證實一般的汙染，因為我們看得到也聞得到；然而，我們想辨認的是比污染更加細微的結果。

許多重度汙染物值得省思，就是：

　　·**重金屬與輻射物質**：過去半個世紀中發生許多廣為人知的重金屬與輻射污染事件：魚類含汞污染，以及日本著名的鎘米事件，這兩起事件都導致悲劇性的後果。烏克蘭的車諾比爾核子反應爐災難發生之後，類似的悲劇還是陸續發生。[145]

　　·**煙、廢氣與懸浮微粒**：關於肺癌與吸菸因果關係，和長期暴露於石棉中的後果，都廣為人知。還有吸入煙、特定廢氣與灰塵都會產生不良後果，上述例子只是一部分；這些物質容易在都會環境中產生，我們不該讓此狀況發生。暴露於這些物質中，會傷害肺的功能與健康，也會縮短壽命。[146]

　　·**營養素與廢棄物**：由於農業與工業活動製造出大量廢物，這些廢棄物會有意或無意地丟棄到掩埋場或流入水源中，可能有些人會覺得這是個解決廢棄物問題的方法，有兩起例子能說明這種方法的缺點，讓我們以一般用來刺激作物生長的農業氮肥為例，過多未被植物吸收的氮，會流入河流當中，這些水資源被人類飲用。因水中藻類族群大量繁殖而產生有毒物質，並使水中氧氣供應量耗盡，

某些體質特殊人士在血中氧量低時紅血球呈鐮刀狀，導致血液喪失攜帶氧氣的能力；若狀況嚴重，可能會導致死亡。[147]若污染物從人或動物的排泄物進入水源系統中，可能會爆發嚴重的疾病。最著名的例子是150多年前在倫敦發生的霍亂，約翰司諾醫生提出證明：布洛德街的幫浦受到廢棄物污染，是霍亂爆發的來源。[148]

・**殺蟲劑與其他食物中的殘留物**：食物有可能吸收土壤中可能殘留的物質：重金屬、化學污染物質，以及輻射物質。還有，為了增加銷售量而使用化學藥劑，用來殺死雜草、昆蟲與微生物，這些就是食物中可能會找到的化學殘餘；當這些物質的含量超過國家所規範的標準值時，就會警戒。澳洲與一些其他國家進行籃子調查（Regular Market Basket Surveys）在以上國家，飲食中的食品樣本顯示出可接受的水準，[149]然而，這並非代表個別的食品能通過更加嚴密的檢驗。[150]不只在像美國這樣的已開發國家，還有那些發展中的國家，許多市面上的食物會找到不安全的化學殘留物。[151]

❷ 環境惡化

因為有良好的教育宣導加上惡化程度的增強，環保意識的力量正在壯大，能清楚看出惡化對我們健康有哪幾個方面的衝擊，包括：

・**土地惡化導致植物產生缺陷**：土地惡化導致土壤流失，表土減少、植物的養分流失至空氣（沙塵粒子或氣體物質）與水源系統（例如農地溢出至河流中的養分）中。成長於這些土地上的植物，會因此無法獲得

足夠的養分，使這些地區生產的食物會因而養分較少。理論上，食用這些植物的人類或是動物比較困難攝取均衡的營養。這樣的結果已在動物身上找到，同時我們發現吃不同種類的植物較能有效攝取各種養分，能降低缺乏性疾病的可能。[152]

・**空氣品質**：城市中不良的空氣品質，長久以來一直造成很嚴重的健康問題。高度含鉛對孩童智力有不好的影響，其他污染物也對健康各有其影響。[153]目前的研究顯示，有數種汽車排放的廢氣裡含有碳氫化合物，會損害胎兒的DNA。[154]汙染的實際狀況，只要從大城市的空氣狀況來判斷，就顯而易見。世界衛生組織（WHO）已經研判印度裡人口數超過100萬的城市（2002年時有23個），其空氣汙染超過安全限制。[155]

・**水源系統惡化**：約1760年工業革命開始以來，水源生態系統每況愈下，水源中植物與動物的多樣性也逐漸消失，世界上有些大型河流與湖泊都因此變得不再清澈；如泰晤士河、鹹海（Aral Sea）、與北美五大湖。我們會以為這樣的損失，主要是喪失生命力、棲息地、美景與在特定地區享受休憩活動，但其實有更多潛藏的後果，在這些系統中，致病化學物質越來越多，仍然居住其中的生物，已產生突變而無法回復；有些地區魚類身上找到的有毒化學物質，其濃度可能超過人類能夠代謝的濃度。[156]

3 犯罪

數個世紀以來城市與犯罪一直是關注焦點。這不僅指隨機性犯罪，也包括組織性犯罪；問題的規模每個城市不同，但是沒有人敢正面挑戰這些組織。

4 休閒

休閒時間過剩，已經成為一種趨勢，在有人帶領下，對微不足道的消遣過度重視。從對時尚與外表的執著，或是對那能刺激感官的活動過於著迷可以看出來；世界上最古老的行業就興盛於城市中。

5 擁擠

我們都很熟悉人口壓力導致各種反效果，某些發展中國家情況更為明顯，此問題在各個層面都值得深思：

・**住宿**：狹小的住宅空間會影響生活品質，並改變人類行為；安康的感覺會降低，兒童的想像力會受限。[157]當房價太高我們發現地主對於投資收益的興趣高於建造舒適度高的住宅。因此，樹木被摧毀，且導致潮溼與腐朽。這是最近受到公眾注目的事實。在俄亥俄州的克里夫蘭，幾年前就發生一場悲劇，是因為不合標準的住宅，對嬰兒健康造成問題。引起這些疾病的共通點就是建築物室內壁板有黴菌的生長；這些微生物孢子由空氣傳播具有強烈的毒性，當吸入這些孢子時，會引起劇烈的症狀發生，甚至會導致死亡。

[158]這是很特殊的事件，使人想起更多年前另一起相關事故的受害者，當時一張潮濕的壁紙釋放出含砷的氣體，因而對人體造成不良影響。現在，大眾對於「病態建築症狀」與「建物相關疾病」十分注意，有些事故就是因建築物的潮濕，以及其中所生長的微生物有關。這樣的微生物活動所造成的影響尚未有定論，但能確定的是，氣喘與呼吸道問題都與黴菌和潮溼的狀態有關。[159]

‧**周圍環境：**住宅區外的環境擁擠，也會影響到一個人對幸福的感受。許多走在大城市街道上的人，都明顯感受到迷惘或壓力，缺少關懷並感到沮喪。還有許多其他因素會產生這樣的感受，[160]城市是最寂寞的地方，撇開其他不談，城市居民們使用電子設備而產生的疏離，造成人與人之間的距離感。

聖經觀點

　　一開始你也許會認為，聖經不會提到現代世界所遭遇的問題，這是個錯誤的觀念，我們來檢視一下這些證據。

1 照顧的責任

> 鑰節 啟示錄11：18
>
> 問題 先知約翰告訴我們，關於照顧這個自然世界，上帝對我們有何期望？

　　回答：聖經教導我們對自己的行為負責任，這是舊約與新約都有的指示，參考耶利米哀歌3：40：「我們當深深考察自己的行為，再歸向耶和華。」還有啟示錄11：18，上帝說，當祂回來審判時，將會「敗壞那些敗壞世界之人」。在我們討論這些經文之前，先思考耶穌對祂的門徒們講述最有趣的寓言中的一個，這故事論到投資機會。在這段講道中，每一個僕人都被賦予運用老闆的錢以獲取利潤之責任；但沒有建議性的計畫，只要他們記住所服事的是誰。在老闆回來時，唯一無法獲得讚美的僕人，就是那個無法將聰明想法放入工作中的人（馬太福音25：24−28）。當我們以這個寓言的啟示來思考到這裡所引用的經文，無疑地它是在告訴我們，只要能力可及，我們有責任來保護環境，這可以簡單到只是處理我們自己的垃圾，別讓有損傷性的物質，破壞我們的環境。

　　其他關於大自然這本書的特色，就是大自然供我們享用，也幫助我們了解上帝的存在（羅馬書1：20）。若我們摧毀環境，就有罪了，因為我們毀了那引導我們了解上帝的證據。

❷ 知識增加，預告末世近了

> [鑰節] 但以理書12：4
>
> [問題] 聖經是否期待未來會有知識大增的時代？是否有指示是何時？

回答：在偉大的但以理預言中，我們得知：「必有多人來往奔跑（或譯：切心研究），知識就必增長。」（但以理書12：4）。這不僅預測上帝預言會增加，還有其他領域的知識也會增多。這個預言可以強力應用到工業革命後的時期，更可以用在「末世」上。（但以理書12：4）。「末世」這一事件，已被認定為末時預言（西元1844年）實現後的歷史時代。[161]知識、人口與工業發展增長的後果之一，就是無法控制的汙染。

❸ 住在鄉間是上帝的計畫

鑰節 創世記2：8-15

問題 第一個人類被上帝創造出來後，是放在什麼樣的環境中？

回答：最初的一對人類是被置放在一個有壯闊河水灌溉的花園中，這裡不受死亡與農業污染的轄制，飼養活動也是在人類的墮落之後才開始。第一對人類屈服於路錫甫對他們的誘惑（創世紀3：17－19），路錫甫原是天使，之前因其邪惡的思想，與計畫顛覆上帝的統治而被上帝逐出天庭（啟示錄12：7－9；以賽亞書14：12－14；以西結書28：13－16）。

我們身為環境看守者的角色，在聖經創世記1章28節中可以確認，這節經文常常受到誤解。事實上，它告訴我們，我們有「統治

權」，或說身為看守者，必須要「繁衍後代」，但不是塞爆地球。看守者源自「統治」這個字的字根，在英文中這個字根的意思就是「看守者」。[162]

關於鄉村生活的最後一點證據是來自基督的生平；在祂的時代，羅馬帝國由一塊「城市馬賽克領土」組成，[163]耶穌選擇鄉村進行祂偉大的傳道工作，也常由自然中取得實例來傳講心靈教訓。祂選擇鄉村作為祂與門徒的休息與省思場所，而非住在擁擠的旅社中（馬可福音6：31），藉此顯示出祂對簡樸的喜好。

正如我們在介紹中已說過的，城市是最有可能發生污染的地方，這樣的汙染影響到人們的健康，導致嚴重的呼吸道疾病。[164]不要以為說古老的城市沒有經歷這樣的汙染，人類與動物排泄物的處理一向是城市中的大問題。

4 鄉間的汙染

鑰節 利未記23：12—13
問題 現今世界主要的汙染物就是人類製造的排泄物。哪一項古老的建議與此相關？

回答：經文指出，處理人類排泄物時必須小心；以色列人在沙

漠行走的過程中就有掩埋的舉動。這個動作有許多重要的功能,第一,蒼蠅因此減少,同時也降低其帶來疾病的威脅;第二,會因此有效的阻斷人類身上許多寄生蟲(單細胞動物類與蛔蟲)的生存途徑。[165]

　　排泄物埋在土裡的成效,是加速其分解,同時限制揮發性成分排放到大氣中。[166]現在我們已有對環境更好的方法,來處理人類的排泄物,同樣也能達到相同的目標:保留養分與控制疾病。

⑤ 城市與罪惡

> **鑰節** 創世記11:1−9
> **問題** 上帝是否有計畫讓地球有城市生活?

　　回答:上帝從未計畫地球上有城市的存在,巴別、所多瑪與蛾摩拉等諸城可怕的歷史,都告訴我們寧錄是第一個建造城市的人(創世記10:8−10),上帝戲劇性地毀了他的憧憬,分散人民在地球各地,顯示出祂對人們群聚在大城市的不滿。之後這個教訓也在所多瑪與蛾摩拉城發生(創世紀19:24、25),因為這兩個城市都以其邪惡著名。

　　人們通常會群聚於城市中,這種群聚會影響一個人的反應,個人意識會因此受到改變。在一個群體中,個人的理性會降低,會

建立起群體意識，個人的情緒反應會更加劇烈，因此會盤算做「他們的意識會禁止，且倫理會譴責」的舉動；人們也許還會漠視該有的謹慎，變成不理性且不負責任。的確，甚至那些熱衷於群體事件的個人，其表現就像受到催眠一樣；[167]在較小的群體如幫派中，個人會被迫犯下他們自己不會去犯的罪。幫派的本質是反社會而且暴力，通常興盛於城市，因為在那裏他們可以找到對他們有利的社會因素。[168]

6 尋歡作樂會使精神茫然

鑰節 路加福音8：5－8、1
問題 在耶穌復臨之前，世界上有哪幾類誘惑，使大多數人的精神遠離靈性的事物？

回答：我們生活的世界中，牽涉許多上帝與路錫甫（撒但）之間的鬥爭，兩者的原則大不相同，上帝是慈愛原則的創始者（約翰壹書4：16），而撒但是邪惡與毀滅的創始者。撒但首先摧毀天上的和諧（啟示錄12：7－9），然後進一步摧毀人世間的和諧（創世記3：1－7）；他激發第一起謀殺（創世記4：8；與約翰福音8：44相較），其最深層的意圖就是要引起痛苦、毀滅、疾病與苦難（約伯記2：1－7）。

聖經作者預測，基督再次降臨時，世界將會面臨的巨大危險之

一，就是過多的尋歡者。因為尋歡作樂而分心，他們無法讀出祂很快將再度來臨的跡象（路加福音21：34；雅各書5：1-5）。對於時尚過多的關注，會導致個人忽視更大的責任，以及作天國國民所必須做的準備（彼得前書3：3、4）。

嚴重的事實是：在我們的時代，工業化社會的人們變得越來越沒有社群取向，專注在成功與自我利益，而非群體利益上。[169]還有一些拒絕訴諸理性的人。理性本是現代生活的特點，而且理性使人透過科學和對自然律的發現帶來進步，並增進人類的福祉。但這些人責怪這時代在科學發展上的問題，寧可依自己情緒過活。[170]我們常看到這種人在追尋無窮無盡的快樂，對他們而言，生活變成一場嘉年華，當中所有的規範習俗都被拋在腦後，尋歡者的目標就是享受所能想像到的各種新奇體驗。[171]

7 城市生活限制了獲得自然所賜給的簡單啟示

> **鑰節** 羅馬書1：20
> **問題** 我們從觀察自然世界中，可以學到什麼？

回答：根據聖經的作者，上帝的特性與能力可以透過觀察自然的偉大而看出。在城市中，焦點在於人類以創造力做出的作品；我們在這世上看到的複雜性，不是只有在最簡單的有機體中，也存在

於精細複雜的生物化學中，在在令我們信服，我們看到的生命形式不可能是因機遇而產生的。

　　有智慧的設計從大量的證據中呼之欲出，即使最簡單的有機體，都需要複雜的步驟才能運作，多細胞則需要更多步驟，要維持細胞功能，不可能降低其複雜程度。[172]若覺得此一原則很難理解，只要嘗試並簡化一個不複雜的機械裝置並繼續維持它的功能，就會懂得這個原則。最重要的問題是，這種複雜性究竟怎麼能在細胞中一步步發展出來？和使徒保羅的講道中所指出的人們（羅馬書1：21）一樣，許多現代的思想家都不需要上帝，因為他們頌讚人類的想像力，他們想透過機運與歷史的洪流來排除這個問題。

8 小心選擇居住地

鑰節 利未記14：37、43─45

問題 聖經是否有提到任何關於仔細選擇居住地，以維護健康的事？

　　回答：除了聖經很明確地偏好鄉村生活之外，我們也得知要小心居住地的狀況；引用的經文告訴我們，如果住處有黴菌（微生物滋長），那就需要做大幅度的更動。[173]建議是首先要更新整修，若這樣也無法改善，就該摧毀此建築物，將經濟與健康都納入考量，才是

健全而負責的態度。乾朽會危及整體結構性，潮濕則會導致微生物的生長，這都會對健康造成嚴重的後果，正如我們之前提過的俄亥俄州克里夫蘭之例。許多人無法大幅改變生活與工作的環境，但是能及早注意這就是我們有能力做出改變的第一步。

9 未來的偉大計畫

鑰節 啟示錄21：10－12，以賽亞書65：17、21、22

問題 上帝對在新天新地中生活的計畫為何？

回答：將來會有一個城市，但我們注意到有趣的一點，是裡面將不會有任何「不潔淨的」（啟示錄21：27）。事實上是得救的人，將會擁有鄉間的住所，並且歡喜快樂因為他們免於面臨所有毀滅性的影響；居民會在這個理想的新世界中計畫、種植與建築。上帝的計畫是在祂整個國度中，沒有什麼是會受到摧毀或重創，不會有強權之分，也沒有戰爭（以賽亞書65：17－25）；因為計畫行毀滅的個體（撒但），已永遠從舞臺上消逝（啟示錄20：7－10）。

第二部
心理與社會健康
SECTION TWO

「弟兄們，我還有未盡的話：
凡是真實的、可敬的、公義的、清潔的、可愛的、有美名的，
若有甚麼德行，若有甚麼稱讚，這些事你們都要思念。」

腓立比書4：8

「每逢安息日，保羅在會堂裏辯論，勸化猶太人和希臘人。」

使徒行傳18：4

「你們作父親的，不要惹兒女的氣，
只要照著主的教訓和警戒養育他們。」

以弗所書6：4

「濫交朋友的，自取敗壞……」箴言18：24

「他就說：『你們來，同我暗暗地到曠野地方去歇一歇。』
這是因為來往的人多，他們連吃飯也沒有工夫。」

馬可福音6：31

健康心智

在現今的社會生活中，很少有人可以在一生中完全不經歷改變與變動，也許只是經歷像換工作、結婚、或是生病這樣普通的事情，也有可能是更加複雜的事，像是住在一個充滿恨意與暴力的社群中。我們自己可以用各種不同的方式回應所有的改變。

我們如何面對週遭所發生的事，將取決於許多因素；就某些少數人而言，他們的基因遺傳已經決定其反應方式，然而大部分人的回應方式都取決於個人的人生經驗，這種經驗會受到家庭、學校、群體互動，以及他們習得的價值觀的影響。

我們該如何處理這些變動，其中最引人入勝且具挑戰性的敘述，來自那些因為意外而殘障或先天殘障的人。若我們暫時將焦點放在得過許多獎牌的澳洲殘障選手露意絲・蘇維吉的生命上，會發現個人態度、家人、朋友和人際關係，是塑造自我意志的重要關鍵。她從八歲開始參加比賽，而且帶有強烈的決心，當她有機會在巴塞隆納奧運嶄露頭角時，來自家人與朋友的幫助與配合，對她的成功相當重要。[174]露易絲進取的態度以及對生命的熱誠，都值得學習。

我們之後會簡短地探討，怎樣用成熟的態度面對生命。探討這個主題時，我們體認到人們對事情的反應，取決於自我的人格特質；行為也會受到渴望或目標的驅策，許多人會選擇較難走的曲折小徑追求長久的目標。[175]成熟度不只是從一個人設定的目標來看，也牽涉到了解自己和別人的能力，還有與工作夥伴互助合作的能力。理解自己與他人的能力可以用來定義我們的心理是否健康。[176]

成熟面對生活的特質

所有人都羨慕成為適應良好的人，但是被問到要具有什麼特質才可以稱得上是適應良好，我們的意見也許會不同，在此簡短列出幾點：[177]

・**建設性的態度**：最能適應的人，會接受現實所遭遇到的問題，並且探索可能的解決之道。解決方法也許就在一個人本身具有的能力，或者會在別處找到。他們不會忽略任何解決問題的方法，適應力很好的人也不會忽略或是逃避問題，更不會過度擔憂。那些有正確態度的人，在改變的過程中會提升自我，並進一步達成其目標。

・**適應能力**：在這個快速變動的社會中，我們都重視要去改變我們的方法與計畫，以適應變化中的環境。這並非為了改變而改變，而是表現適應、創新的能力，而且在變動中的環境仍然懂得感恩。

・**短期與長期目標**：我們在第一點就有提到目標這個想法，但還是需要更多的延伸討論。我們可以再次以運動英雄露易絲・蘇維吉為例，她透過努力而達成短期目標，同時也有和運動無關的遠大志向。[178]露易絲首先專注於短期目標，但同時也樂意做出犧牲，以便讓自己的長遠志向有更多成功的機會。暫時犧牲以達成遠大志向的想法，是成熟個體的典型特色。

・**懂得團隊行動，又能獨立思考的人**：與其他人分享時間與想法，對發展善意與信任是必要的。思考或考慮他人的意見，不會與獨立思考發生牴觸；每一種行為都有其重要性。能做決定，並且自信地往前進，是成熟人格的特徵。

・**情緒控制**：情緒是身心健康的一部分，某些運動員與電影明星常會失去對情緒的控制，使他們在我們心目中留下不成熟的形象，也沒有資格作為正面的榜樣。成熟的人不會長久沉溺在負面情緒中，而能夠跨過失望、沮喪與恐懼。

・**對他人的關注與愛**：能夠愛別人，不論其種族、顏色、宗教，是我們高度推崇的事情（例如甘地、馬丁路德金與德蕾莎修女）。更加精確說來，人們崇尚德蕾莎修女的原因，是她對印度受苦的百姓所實行的愛，能夠不論其出身與地位。[179]在較小的個人層面，這個原則展現在積極關注他人的健康與快樂；這種關懷表現出來，就是能

體恤和重視他人的觀點與志向，並不會為了增進個人自私的夢想而隨意放棄這些想法。

生產力： 最後，而且是一般人都同意的成熟準則，就是能有效完成任務並且具有生產。那些無法適應的人，會花許多時間與精力在計畫上，或是想努力去進行一個任務，卻進度緩慢或成效不佳。

聖經對成熟的觀點

聖經記載了適應良好與適應不佳的人的生活，我們承認，沒有哪個單獨的行為因素可以界定反常[180]，所以我們不能只因為他們當下沒有顯示出所有的成熟指標，就貼上不正常的標籤。我們研究的實例，突顯上述原則的之正確性；這樣陳述時，我們觀察到上帝的祝福就在我們選擇作為實例的那些人身上。

1 不墨守成規的處理態度－適應良好的個人之特徵

> 鑰節 以斯帖記4：13、14
> 問題 1.聖經是否有提倡以安靜、不唐突的舉止解決所有問題？

回答： 以斯帖被立皇后是在統治古瑪代波斯帝國亞哈隨魯王時代，聖經所記載的皇宮中的陰謀，威脅到她與她整個族人的生命（以斯帖記3：13）。她脫離死亡威脅的記述中，展現出大膽的構想與執行

時的沉著，都很令人著迷。她冒很大的風險（以斯帖記4：13、14），我們注意到她對這次危機的處理態度，有幾點很重要，這個危機來自於一個高級官員因為另一個官員（猶太人），沒有以恰當的方式承認他地位的重要性，因此要報復所有的猶太人！以斯帖接受一位具有政治知識的人之建議，計畫了一連串的行動（4、5、6、15、16、17節）。她明確的知道自己身處危機之中（4節），並知道她可貢獻她的力量來化解這個危機（13─16節、5：1、2），她尋求族人的支持與合作（4：16）；我們可以合理地肯定，她也是受到上帝的指示。以斯帖的處理方法獲得了成功與解救（5：1、2）。

鑰節 出埃及記18：13─17
問題 2.向比自己沒有經驗的人請益是否合適？

回答：我們遇到問題並試圖解決問題的方式，會取決於我們的知識、經驗與人格。有時候我們會對顯著的議題顯得盲目，需要有不同觀點的人來幫忙；[181]這正是葉忒羅在以色列人往迦南旅途中，拜訪他們營帳時的情況。葉忒羅是摩西的岳父，他馬上看出摩西無法承擔解決諸多爭端的壓力，並且提出計畫來分擔這個責任（18─23節）。摩西接受了這個計畫，這並非是摩西的弱點，而是承認智慧來自於許多謀士（箴言15：22）。摩西沒有想要免去過重的工作，而是採取了大膽的計畫來解決此一問題（出埃及記18：24），他接下執行這個

計畫的領導角色（25、26節）。

> 鑰節 使徒行傳17：22、23
>
> 問題 3.徒保羅向雅典人解釋其信仰，從他對這挑戰的反應，我們可以了解什麼？

回答：使徒保羅以積極面對挑戰的態度而聞名，他不是那種會感到無力改變現狀的人；這種態度讓他改變對特定人群的傳道方式，他在戰神丘上的經驗就說明了這點。保羅主要的目標是分享上帝為所有人死，表達了對人類的大愛。為了傳達這些原則，他使用祭壇的銘文，以及大眾詩人著名的詩句，來吸引民眾興趣（23、28節）。換句話說，他使自己的觀點貼近人民的想法，好讓眾人能認同天國的福音。

我們可以肯定，在適應各種不同的情況時，保羅永遠會注意以原則作為生活的準則。從後來他對彼得的責備可以看出。彼得因為種族偏見而侷促不安，無法堅守原則。保羅鼓勵他要做我們的模範，在我們做決定時以原則作為指引（加拉太書2：11－21），這樣做就能夠請求上帝賜福。

3 從你所擁有的做為起點；接受挑戰－適應良好個人的特徵

鑰節 馬太福音：20：6、7

問題 1.在追求短期目標時，我們應該以手上現有的機會開始，還是等待更好的時機？

回答：耶穌所述關於葡萄園工人的寓言，十分具有啟發性。每個工人都想要藉著白天在葡萄園工作，達成短期的目標，部份求職者很幸運的被僱用了一整天，其他人則沒有那麼幸運。那些在結束前一小時才開始工作的人，預期工資較少，但當他們收到一整天的工資時都感到很驚訝，他們的短期目標超出預期。願意冒險是個很重要的起始點，而他們對其他幸運地整天都受僱用的工人的態度，是解釋其收到工資的另一因素（9、10、14節）。他們無疑地是樂觀者，而且決定避免採用無益的態度。

鑰節 馬太福音25：14、15

問題 2.我們是否該避免將目標訂得太高？

回答：這關於才幹，以及我們如何運用自己才幹的比喻，它包含幾個重要的教訓。我們的態度，決定了我們努力的程度，對後果也有影響。樂觀的人會將焦點放在可能的成功上，而非現有的負面條件上。這個比喻告訴我們的重點是，上帝更重視我們願意使用我們擁有的才幹，超過重視我們靠努力去得到的成果。（22－28節）；聖經的指示就是「凡你手所當做的事要盡力去做」（傳道書9：10）。

回答：每個基督徒的長期目標，都是要與耶穌和得救的人站在玻璃海上讚美上帝（啟示錄15：2-4），這是亞伯蘭的重心，也是未來可當埃及法老的摩西之重心。摩西從埃及的上流生活中退出，因為他有永恆的事要關注。在危急關頭，他不認為他在埃及已享有的優渥物質，能與天堂中的財富相比（希伯來書11：24-26）。使徒保羅以著名的句子說明他對於未來的興奮：「因為我深信無論是死、是生……是現在的事，是將來的事，都不能叫我們與上帝的愛隔絕……」（羅馬書8：38、39），這個對未來樂觀的觀點，是奠基在上帝的愛以及祂的可靠中。上帝拯救的能力，就奠定在個人的經驗與預言實現的奇妙紀錄中。[182]

樂觀的態度近年來震撼了整個醫學界，因為這促使病人在手術後的恢復得更快更好，其中一個原因，就是樂觀的人拒絕困於無助，他們會努力使狀況有所不同。這種心理態度，對整個身體都有效果，因此對抗疾病與術後恢復力都會比較好。[183]我們在之後的章節中，會更深入闡述這個議題。

４ 團隊合作者－適應良好個人的特質

回答：從不同觀點角度交換想法，是團隊合作的重點，而且還有其他好處。[184]早期的基督教會在多元的族群中掙扎成長，因此了解團體討論與合作的重要性，教會領袖分享經驗與關切的事，然後討論出一個大方向，以此大方向來維持合一（約翰福音17：11、22、23）。在這樣的框架中，個人知道這個團體具有統整地位，因此願意表達其熱忱與主進取的精神。這正是使徒保羅在將教會描述為一個協調良好的身體時所描繪出的美麗願景——所有的成員都能互補地運作，以給予團體努力的力量與方向（哥林多前書12：12–31）；這個原則也適用於社會、工作以及家庭。朝共同目標努力的獨立行為與合作行為，都能產生令人滿意的後果。

團隊價值是可以教導的，[185]事實上，摧殘現代社會的瘟疫之一，就是個人利益的追求。西方世界經歷的現代化，已將個人利益置於優先，並且產生出一種「分離文化」；若由這個想法主導社會，一個民主社會終至崩解。在各個不同的民主國家中，執行與管理個人的選擇方式，也大不相同，而且很難令人滿意。一個能夠不再繼續走下坡的策略，就是那具有一致性的道德感與理智的世界觀；好消息是：這正是那運作在大群體中，某些宗教團體所能經歷到的。[186]

5 哭泣的時間－適應良好個人的特質

> **鑰節** 約翰福音11：35
> **問題** 表達情緒是否健康？

　　回答：耶穌經歷到別人的悲哀時也會流淚（33、34節），人總會有表達情緒的時候（傳道書3：1、4）。以哀傷為例，表達這種情感允許個人面對這個議題，並且繼續前進；例如朋友或是伴侶死亡等事件，透過悲傷的表達，個人可由此向所愛的人表達敬重，並且在同理心與積極的協助中，重新建立他們的獨立性。重要的是，在經歷這種經驗時，支持的人必須鼓勵他們，維持其自尊（尊重）、自我價值感與信心，使他們陷入沮喪的可能性減到最低。[187]這種支持的想法，是基督徒中普遍的既定原則，因為我們被忠告，要減輕他人的重擔（加拉太書6：2）。

　　我們可以在聖經中找到許多好範例，顯示出情緒與人格穩定性有關聯。最著名的例子，就是耶穌被釘十字架當晚的記述（馬太福音26：36－50）；他為眼前即將發生的審判感到極大的悲傷，希望由此可怕的經歷中尋求解脫，祂從門徒身上接收不到道德上和情緒上的支持，對此祂溫和地表達出失望；不過祂在祈禱之後，很快就從沮喪的狀態中恢復，繼續帶著平靜的面容，面對那些背叛祂與吵著要將祂釘上十字架的人們當中。

憤怒與敵意，兩種都是會提高冠狀動脈栓塞與心臟疾病的風險。[188]聖經所給的忠告是「止住怒氣」，因為那只會「以致作惡」（詩篇37：8）；這是個好建議，並且會促使長壽。

6 體諒他人 —— 適應良好個人的特質

> **鑰節** 創世記14：11－14、16、21－23
> **問題** 我們是否應該考慮他人的幸福？

回答：面對改變時的悲痛與憂慮，是眾人共同有的經驗，我們自己經歷過變化，因此可以對他人感同身受。聖經將這點描述為高貴的情操，正如亞伯蘭對其姪子羅德遭擄的情況感到悲傷。亞伯蘭的姪子在其城市遭洗劫時被擄，儘管有極大的風險，亞伯蘭還是樂意為他的困境提供助力；救援完成時，他沒有取回任何報償（創世記14：12－24），這個事實顯示出其高貴的舉動。上帝對其追隨者的痛苦，也感同身受；講到以色列的孩童，先知以賽亞就說「他們在一切苦難中，他也同受苦難。」（賽63：9）

同理心的感覺與正向社會行為（分享、關懷、安慰），幾乎是普世的價值，但我們必須鼓勵我們的孩童有這些舉動，否則環境影響會壓制這些行為。生活在工業化社會中的人，處於特別不利條件下，因為每個人要對家庭幸福有貢獻的想法，會發展得不如物質較不富

裕的社會；也許是因為工業化社會比其他團體更強調競爭。溫暖而能體諒他人的父母，可以藉著用語言強化合作、分享的行為，來幫助他們的孩子擁有同樣的價值；說此話的人若能身體力行，孩童比較會去實踐他們所聽到的話。[189]

7 對他人的愛－適應良好個人的特質

鑰節 馬太福音22：38－40

問題 如何去愛他人，甚至是那些我們不喜歡的人？

回答：聖經中並未解釋「如何」，只說耶穌將十誡分為兩部分；後六條誡律可以歸納為我們有責任去「愛我們的鄰居」。我們也許會問如何做到這一點，特別是當鄰居很難相處時。使徒保羅有說明這個作法，在這一節著名的經文中他說道，「原來基督的愛激勵我們」（哥林多後書5：14）；換句話說，只有在回應上帝對我們的愛時，我們才會有可能去愛他人。回應上帝無私的愛之唯一合理表現，就是對祂完全奉獻，而這樣做的結果是，我們就會成為祂的愛流向他人的「管道」。「上帝的愛」（Agape love）不是人類經驗的自然部分，在我們經歷這種「上帝的愛」，也就是祂無私的愛之後，我們就能作祂愛的管道。我們仁慈行為的焦點是鄰居，焦點不在於透過協助我們可以獲得什麼好處。[190]

8 品質保證－適應良好個人的特徵

> **鑰節** 但以理書5：16、17節
> **問題** 當基礎對了，我們對有壓力的人可以期待什麼？

回答：聖經記載在壓力下成功之有名事例，一支侵略大軍將要攻入皇宮時，但以理保持冷靜，遵從原則行事；由米底亞人大利烏領導的瑪代波斯軍隊來到巴比倫城的門口，[191]但以理知道他們這次攻擊一定成功。在這緊張的情勢中，他自己的生命受到威脅，但他受到巴比倫王的召喚，在巴比倫王統治的最後一夜中，於王國內酒醉的大人們面前行使一項職責（3、4節）；但以理迅速、謙恭且冷靜地完成任務。當波斯軍隊該夜稍晚推翻了這城，大利烏賞識他的天分與成熟，想立他為瑪代波斯的第一總長（但以理書6：1、2、3），因為他有「美好的靈性」，當大利烏王和波斯王古列在位的時候，但以理大享亨通（28節）。

但以理的世界觀與他的冷靜有關，他知道巴比倫王國終將傾倒，被瑪代波斯王國取代；接著會是希臘與羅馬。在羅馬之外，還有其他國家，但最後他看到一個時代，基督會回來，而所有地面上的王國都會消失（但以理書2：27－35）。這樣的世界觀裡，有上帝負責扛起歷史洪流的發展，祂的追隨者則在這宇宙劇碼中扮演著他們的角色（但以理書12：1－4、13）。只要我們肯研究上帝預言性的啟示，祂

也會提供我們現代的觀點。但以理書與啟示錄，都充滿著信息可以讓我們擁有和但以理相同的信心。

　　但以理年輕時就內化的道德價值，是他在混亂與壓迫時代下的支柱。他青少年時期被捉為俘虜，他並非處在道德向上的環境中，但他還是具有了成熟的道德。無疑地他的父母帶給他充滿溫暖與關愛的環境，「照著主的教訓和警戒養育」他（以弗所書6：4）。我們在之後的章節，會進一步探討父母傳達價值觀的角色。

9 健康的心志很積極

> 鑰節 彼得前書1：13－16
> 問題 維持積極心志的基本理由是什麼？

　　回答：使徒彼得督促我們要「約束」我們的心，或者是說「心志專一準備行動」，因為要以上帝的話為原則來生活在這邪惡世界，是很嚴肅的事情。我們不能滿腦子都是不純淨、暴力與愚蠢的思想（腓力比書4：8）。現代的傳播方式以無數的意象占據我們的時間，這些意象會使心敗壞，遠離生產性的活動。我們必須記住，上帝會鑑察我們的心（歷代志上28：9）。

　　如果我們跟隨但以理、以利亞、約翰等偉大先知的經驗，我們會發現他們經常被要求去考慮、去決定並且去根據他們的想法行

動。願意回應上帝呼召來服事祂，並為了拓展祂的國度而奉獻力量的人，給基督教帶來極大貢獻。

發展健康的心智

　　照聯合國的說法，教育的目的就是「達到人格的成熟」，並促進「合作的準備」。為了達到這些目標，家庭、學校、社區和國家都有影響力。[192]聯合國文教基金會接著解釋，團體忠誠與團體領導人都會影響個人的行為，但是一個社會的行為，最終還是取決於社會中大多數成員的穩定性。[193]危機的時刻會引起恐懼和歧視，也可能會因為缺乏有見聞和調適良好（情緒上明智）的個人，而排斥健全的領導。因此，教育就是除去恐懼與歧視的基柱，給人類重要的基礎去表達合作與善意，以保存全人類的尊嚴。

　　家庭是教育的非正式的架構，學校則是塑造社會成員心智發展的正式架構。學校中所設定的課程，影響態度的發展，不過教學哲學、方法、內容與教師個人的微妙強調，都會影響情緒的發展與所接受的價值觀。關於所有人的平等、自我價值與面對問題時的正向態度，在家中與學校皆可發展；然而在這兩個場所，若缺少明確地認清問題與道德價值，或是缺少發展解決問題的技巧，可能會使兒童心智留在焦慮的狀態，容易引起情緒上的弊端。

　　每個人都帶有一定程度的發展可能性，這些可能性取決於他們的基因遺傳，但是有很大程度，環境會影響實際上的發展。兒童父母的人格特質與態度，會開始塑造過程，其他人則會補強這個過

程。家庭中或更大的群體所提供之安全感與舒適度會塑造行為，因為人類傾向於重複那得到獎賞或是給予滿足的活動；人若生活在一個滿足人類需求的支持性環境中，學習適應這個改變中的世界，他們比較會有健康的情緒。有了安全感，個人也會準備好接受挑戰，並將沒有事實根據的恐懼與焦慮擱置一旁。

　　在這樣的環境中可能使心智成長，去忍受某些立即的渴望所帶來的挫折，這樣他們才不會發展出不被接受的行為（**發脾氣與侵略性**）。提供給孩子的選項，管束的態度，以及給予讚許的方法，會決定個人人格特質的發展；人格特質的發展，是整個人生都在進行的過程，透過這個過程，個人會達到可接受的行為，而同時能滿足自己的個人抱負與對社會的奉獻。情緒健康的教育這一整個概念，就是要使可接受的行為受到認可，並透過主動的運作而給予獎賞。可接受的行為由一個社會內部的每一個次文化或傳統決定；若能在愛與安全的環境中，區別可接受與不可接受的行為，比較有可能會去遵從；這樣的環境也能促進人類的幸福。

情緒智商

　　我們稱之為有健康情緒的個人，可以讓自己的情緒維持在理性的範圍內，所以他們的行為不會使他們困窘；他們可以處理人生的高潮和低潮，而仍然保有希望。理性與感性選擇之間的良好平衡，可以確保熱情不會主導全局。生活中的理性和情緒的技巧會影響我

們的卓越性；能知道管理自己情緒，進而理解並回應他人情緒的能力，是我們與其他人合諧相處十分重要的部分；顯然控制情緒的技巧是我們品格的一部分。[194]

發展社會與情緒技巧，是我們透過學習得到的豐富架構之一。這種學習的基本元素，就是能理解並反映我們自己的情緒，加上察覺、回應他人的感受，這些能力使我們更能夠解決社會與情緒的問題。[195]

使個人能成熟應對的技巧清單，可能會因為作者不同而有些許的差異，但接下來列出的要點呈現全面性的看法，[196]我們在清單中加上基督教的穩健論述。

· **自我覺察**：這包括意識到自己的心情，與我們對這些感覺的想法。凡對自己的心情有留意的人，可以更有效管理自己，如果我們感覺受到他人重視，而且感覺自己重要而能幹的話，可使自尊（尊重）獲得滿意的發展；做決定時，我們會考慮到感覺與先前的經驗。對基督徒而言，單單只有「內在感覺」不足以指引行動，做決定時要參照原則，是很重要的。靠著上帝的力量面對障礙，這樣的態度比允許事件主導我們的態度更好。[197]

· **自我控制**：當情緒失控太久，對健康會有不利的影響。我

們也許會試圖藉著做事、讀書、聽或看來管理情緒。不信神的人所採用的策略與基督徒有些不同。大部分的人都誠心地同意，我們在所有的事情上都應當要節制溫和，包括我們的情緒；不過，信者藉著簡短的祈禱，來請求上帝幫助克服這些問題，因為他們理解，態度、想法與方法的改變，才是持久的解決之道。意志的力量雖然強大，還是需要上帝承諾並提供的協助。[198]

•**自我驅策**：熱誠、堅持、信心，一向與成功有關，追求目標時展延滿足感的這種想法也是和成功有關；能夠抗拒現有的衝動或引誘，以換取未來的報償，與社會競爭力及個人的效率相關。對生活樂觀、充滿希望，允許我們一再接受並克服困難的挑戰；這些特質都可以透過學習以增進。這些概念對基督徒來說並不會特別難接受，因為他們信仰的基礎就是充滿著樂觀與希望。

•**同理心**：能夠意識到他人的感受，是關懷態度的基礎。體會別人的沮喪，能引導一個人去幫助他人。同理心要建立在道德框架內，例如當一個人被冤枉，我們可以起身為他辯護。[199]

•**社交技巧**：建立關係的能力，是每個人與其他人相處的根基。熟練社交的個人能夠表達情緒，有同理心，能領導並且有組織能力。他們基本上都是情緒成熟的人，且能以這些技巧建立起與他人的合作。[200]我們在研究社會意識時會進一步探討這個領域。

聖經觀點

我們注意到在情緒與社交成熟度的發展上，所有與個人互動的重要團體，都能影響他們發展他們的技巧，孩提時代威權形像的影響是最為重要的，我們會另起一章來探討這一點。其他的影響來自同儕團體、模範角色、群體文化（**學校、教會與工作**）以及一般文化背景環境。[201]

我們在這一部分的任務，就是看聖經所認定在情緒智商或品德背後的核心技巧，同理心與社會技巧。我們將等到後面的章節中再探討。

1 自覺 —— 情緒智商的元素

鑰節 馬太福音10：29－31
問題 1.我們的價值感與自尊是否有關？

回答：作為人類，我們的挑戰是要相信，我們對於上帝有無限大的價值。祂置放於我們身上的價值，可以用耶穌犧牲了自己換取我們永恆的救贖來衡量（**約翰福音3：16、17**）。其他人對於我們的看法，也要置於這一個脈絡中來檢視，在這樣的框架中因為我們知道我們與基督同是天國的後嗣（**羅馬書8：16、17**）；這樣的認知應該能給我們強大的信心。

鑰節 以弗所書4：17－19
問題 2.是否有可能不靠著原則而達成完全的自我察覺？

　　回答：使徒保羅帶我們進入幾個有趣的思考領域。我們的自我認知有部分取決於我們的世界觀，如果我們的世界觀不包含上帝，那我們對自我的認知與對別人的尊重，可能會因此受到限制。保羅這樣表達－你會「心地昏昧」，或神志昏昧，這樣的狀態狀態下，良心是「已過去的感覺」，所以個人也許在參加各種基督徒難以支持的活動時覺得舒坦。這樣的人可能會在追求快樂與個人利益時，侵害到他人的權利。

鑰節 約翰福音8：9
問題 3.良心這個概念是什麼意思？

　　回答：當我們的動機不正直時，我們的心智會譴責自己，這種對於想法、言語與動作感覺好或壞的天賦，正是我們所謂的良心。在我們引用的經文中，那些讀到耶穌在沙地上所寫的字的人，因他們所看到的受到譴責。他們自己所做不好的決定與行為受到揭露，然後害怕去反對他們帶到耶穌面前要定罪的人。

鑰節 使徒行傳9：1－6
問題 4.良心可以教育出來嗎？

回答：虔誠的希伯來信徒掃羅，在去大馬士革的路上成為基督追隨者的奇異故事，是我們討論的背景。他捨棄了原本習以為常的恐怖行動，開始去做那些他一度反對的事；他是因為遇見耶穌而改變想法。事實上，在他的著作中表明的十分清楚，我們的良知可能會泯滅（提多書1：15），或是變得遲鈍（提摩太前書4：2）；但維持我們的良心在活躍的狀態十分重要。

　　良心可由上帝所頒布的道德準則得到有效的管理，只有透過與耶穌維持活潑的關係，才能得到這些原則的實用知識。聖經中道德原則的基礎是十誡（出埃及記20：2－17），這些原則表達出上帝對人類的旨意（詩篇40：8）。誡律的中心思想是要保護生命中真正有意義的關係－也就是我們與上帝的關係（前四條誡律），以及我們彼此間的關係（後六條誡律）；202而後人們也接受這些原則就是要愛上帝與愛他人。曾經歷過基督所顯示之愛（藉著為我們每個人死於十字架上）並對此愛有所回應的個人，樂意以這些原則為生活準則，因為這些準則來自那曾與上帝之愛接觸而有所改變的心智。203

② 自我控制－情緒智商的元素

鑰節 傳道書7：9

問題 1.聖經是否提倡情緒控制？

回答：據稱所羅門是古代最有智慧的人，他告訴我們不該急著發怒，這是愚蠢的人才會選擇的道路。基督徒受到建議要控制其怒氣，因為狂怒有害（**詩篇37：8**）。要快速控制怒氣。在你解決問題之前，「不要含怒到日落」這是使徒保羅在新約聖經中說的（**以弗所書4：26**）。情緒平和是愉快生活的關鍵，醫學建議也與這個意見相符，我們最好不要一再重複體驗自己不愉快的經驗。**204**

聖經完全支持這樣的概念：我們要表達情緒，舉例來說，聖經並未給予任何佐證支持基督與其追隨者的生活沉悶無趣。在歷史中，有許多人認為基督徒受到召喚要過著嚴肅且沒有微笑的人生；**205**聖經並未支持這種立場（例如：**歌羅西書1：9－12；腓立比書4：4**）。我們的情緒是上帝所賜，應該要表達出來，但要限制在合理的範圍內。

鑰節 哥林多前書9：25
問題 2.哪一個指導方針告訴我們應該在哪一方面試圖控制自己？

回答：懂得節制，是好基督徒一個重要的特點；當我們認知到我們所有的活動都是「為榮耀神而行」（**哥林多前書10：31**）時，這種行為就自然會隨之而來。這個廣泛的指示，不僅指飲食與跟工作相關的活動，對好東西的節制也是此指示的一部分。撒但透過夏娃呈現給人類的第一個誘惑，就攸關食慾，夏娃在伊甸園中遇見的誘惑所給我們的教訓，就是我們的心智必須受到原則的管轄，並且作我

們行動的主人。

回答：先知但以理在巴比倫王的特別訓練學校中，決定要行使健康的生活，這種決心引領他考慮到何種方向才會有成功的可能。他之前與太監長友善的相遇，給了他勇氣去建議並遵守一連串新的行動，建議太監長給他和他的朋友素菜與水做為飲食，與王桌上提供的豐盛飲食相反。

促使個人能表現出果斷自我控制的因素有很多。基督徒被上帝的同在與祂應許的真實所激發（羅馬書4：21，提摩太前書1：12），也就是基督的生、死與持續的職事中所呈現上帝堅定的愛（羅馬書8：37－39），與基督同住在新世界裡的應許（啟示錄21：1－4）。基督徒思想中最突出的一點，就是我們理解生命的目的；基督徒體認到人類生命是由上帝所創，每一個人的存在都有其方向與目的。在這世上，我們的目的就是作上帝所創造萬物的管理者，與他人分享祂拯救的愛這個知識，並且在我們自己所處的社會中工作有成果。

當我們理解到我們的生活有其目的，就會比較樂意在逆境中去承受苦難，直到上帝更大的計畫在我們生活中完成。我們可以一直

很有信心直到將來與基督一同獲得勝利，並且生活在一個沒有罪與苦難的世界。在每一種情境下，我們都可以設定有價值的目標，並且相信上帝會賜福；年輕人可以受此種價值的教化，特別是當他們成長於溫暖與關愛的氛圍中，父母與師長會為特定舉動提出解釋，而且自己就能以身作則。**206**

鑰節 腓立比書2：13

問題 4.基督徒在控制情緒上是否可以依靠上帝給任何協助？

回答：使徒保羅寫下的這節經文十分有趣，因為它告訴我們，在認識上帝的道以後，我們的慾望會有所改變。我們也得到上帝允諾「在你們心裏運行」以達成這些渴望的結果。

許多偉大的豐功偉業一直是透過意志力表現出來，以後也會持續如此。基督徒並不輕視意志力的執行，但是堅持兩個基本要點，第一是上帝不會只對表現感興趣，行為本身並不會拯救任何人（例如，與耶穌一同被掛上十字架的強盜，在十字架上信主後，並沒有機會去行善事－路加福音23：39－41）。動機一定要正確（路加福音18：10－14）；能激發人的就是愛的力量。基督徒會對上帝傾注於世人的愛有所回應。**207**

第二個要點是，沒有哪個人有能力以致於不需要上帝，就能完成上帝對他們的計畫。耶穌門徒信主前與信主後態度與表現的不

同，就足以證明這點，並且顯明聖靈在人生中可以成就的事（路加福音22：24－27；使徒行傳1：12－26）。

3 動機 —— 情緒智商的元素

鑰節 提摩太前書1：12－15

問題 1.在激勵他人時，個人價值扮演著什麼角色？

回答：我們很有價值的這個想法，是個人成就與行為的中心。[208]使徒保羅的正向成就是個傳奇，我們也許會問他成功的秘訣。他的動機奠基於基督降世是為了拯救他的這個想法。基督死於十字架上所闡釋的無比的愛，建立起每一個人的價值。我們沒有甚麼固有的價值，是上帝在我們身上展現出來的愛給我們價值。[209]

鑰節 約翰壹書3：2－3

問題 2.希望在動機當中有什麼功用？

回答：我們是上帝之子！在天國中與上帝共同生活的應許與希望（羅馬書8：17），促使我們在此世過著服事上帝與遵守祂原則的生活。上帝在為我們而死所展現的愛，吸引我們，使服從成為一種喜悅的經驗。我們生活中的心靈層面所經歷的希望，會流露在每一天

的生活中；舉例來說，生命中抱有希望的態度，能使我們堅持去達成目標。有希望的人在生活中有個優勢，他們將會成功。[210]

> **鑰節** 約翰16：33
>
> **問題** 3.基督徒以樂觀的人生態度作為激發的力量有多重要？

回答：基督徒不會專注在人生的困難與失望上，而會超越現在看到未來；對他們來說，生活不是機率的遊戲。上帝對我們的生命有計畫（以賽亞書43：1-5；44：24、25、28）。個人的失敗不會使基督徒感到無助，他們知道上帝的話語中有適當的指示，而且神的幫助唾手可得，因此都能正面回應。基督已經勝過祂的對手撒但，我們的挑戰是去抓住使徒保羅所展現出的樂觀，他說：「因為我深信無論是死是生，是天使、是掌權的，是有能的，是現在的事，是將來的事，是高處的、是低處的，是別的受造之物，都不能叫我們與上帝的愛隔絕；這愛是在我們的主基督耶穌裏的。」（羅馬書8：38、39）。

面對人生的態度和方法，對身體健康的影響十分深遠。身體透過免疫系統，會對病原體發動攻擊，在樂觀的人身上，免疫系統更有活力。同樣的，這些人也更可能以較有創造力的方法來面對生活，而且有較多的朋友在困難時支持他們，這都有助於產生更好的結果。[211]

❹ 態度提升情緒智商－恐懼帶來限制

> 鑰節 約翰壹書4：18，詩篇34：7
> 問題 知道有個慈愛的上帝，在消滅恐懼時扮演著什麼角色？

回答：知道有個超越者愛著每一個人的這個想法，能夠有效地消除恐懼。上帝因為每一個微小的錯誤而尋求懲罰地球上的人類，並且以那稱作煉獄的荼毒室來淨化人類，這種想法是不認識上帝的人所製造出來的教條，這是從古希臘人的想法中借來的，並且受到其創造者克萊門與奧利金的想像力所美化。[212]不幸的是，這個想法以及與地獄有關的概念，一直被有效地用來使人們遠離基督教信仰，或是驅使人們因為恐懼而遵守教會領袖的詔書。有些人在恐懼的教條中找到利益，偏好將地獄描繪為上帝所設的地方；地獄被描繪為恐懼與痛苦之地，[213]煉獄與地獄這樣的想法，在聖經中都找不到這些支持證據，因為愛中沒有恐懼，而愛是最適於描述上帝的特質（約翰壹書4：8、18）；訴諸於恐懼的理論根源於異教徒，[214]基督教信仰中沒有這種看法。

上帝會照顧其子民的生活，祂會保存我們的生命，直到我們的見證不列在其偉大的計畫中（希伯來書11：32－40）。不論我們是生是死，我們都算是靠信仰得勝的人（啟示錄12：11）。

5 態度提升情緒智商——對他人的歧視受到限制

鑰節 約翰福音3：6

問題 上帝是否視所有人為平等且重要？

回答：基督教教義的本質就在於宣揚人人在上帝面前的平等性；此處引用的經文向我們保證，上帝的拯救是平等的，上帝只要求我們認知到自己的需要，[215]「一切信祂的」此句話包含我們所有的人。使徒彼得受指引去非猶太人當中，與他們分享救贖的好消息時，將這節經文的實際意義闡述得十分生動（**使徒行傳10：10−20**）；這是基督徒的使命，去「使萬民做我的門徒」，因為所有人在上帝面前是平等的。[216]

聯繫之結

　　家庭是提供成長中的孩子愛、興趣、紀律與安全的地方，但近年來為了許多理由家庭受到誹謗；有些人視家庭為壓迫的，容易促成精神病的地方，另外有人則視家庭為將女性邊緣化與剝奪其自由的場所；我們還可以在這清單上，加上一些人，他們覺得私人領域（家庭也是其中一部分）與公共領域的利益對抗，最後在這個由市場驅動的世界中，許多人只是將家庭視為商品。[217]有了這些壓力，家庭的本質被定義為接受不同安排的社會。在西方社會中，傳統家庭是父親為主要提供者、母親是主要照顧者的地方。現在這已經成為少數。在現今社會中，雙薪家庭正在增長，單親家庭也是正在增長；單親家庭的潮流主要是由離婚造成。[218]

　　雖然對家庭的批評具體得到科學證據與個人經驗的支持，但也有某些種類的家庭，確實有給其成員穩定感、恢復力，並且在孩子的智力成就與社交效率方面貢獻良多，我們的注意力將會放在這些家庭上。家庭生活可以是最有益的經驗，也是道德價值、世界觀、社會關懷與以創造性方法解決問題之能力得以發展的場所。[219]

　　成功的父母教養孩子從出生就開始，在嬰兒出生後馬上就能接觸到嬰兒並且每日接觸嬰兒的母親與她們的子女有較好的連結。比起那些第一次與嬰兒接觸受到延遲與限制的母親，在最初幾年，她

們展現出比較多關愛的行為並與小孩有比較多的言語互動；孩童則在語言與智力測試中，顯示出這種聯繫的益處。兒童早期在社交、智力與語言技巧的發展上，也與父母教養風格有關；這種風格和文化或經濟因素是沒有關連的，因為關心的人可以學會好的父母風格，其益處可以測量，並且在就學後持續顯現。[220]

公共教育的意圖，就是將社會與家庭背景對學生競爭力的影響降到最低，但成效不彰，所以學校教育一開始，學生族群中就存在的不平等，在學生們離開學校生活時仍然十分明顯。研究結果已顯示，家庭背景與態度對於在學校那幾年的成就有很大的影響，特別顯著的是父母對孩童進步的關心。例如課程、設備，特別是老師的特質等因素，的確也會深深影響學生的成就。然而，沒有什麼可以取代父母的關心與鼓勵，能讓孩童更能從他們學校經驗中取得最大的益處。如果孩子的行動與家庭的成就期望相反，或違反常規，那麼他們得到成就的可能性並不高。隨著單親家庭數目的增長，有些人士更加關注在學校中的進步；如果陪伴在身邊的父或母可以維持關心，而且沒有衝突，就能維持孩童在學校中的進步。較好的狀態是一個穩定而有支持的家庭架構，它能給孩童最大的機會發展他們的競爭力。[221]

家庭與健康

個人的健康與過去和現在的家庭經驗，都有著糾結纏繞的關

係。這些經驗對情緒、精神與身體健康都有很大的衝擊；這過程在競爭性家庭成員的家庭中最常觀察到。[222]

· **溝通模式**：溝通的品質與特色，對於成功的家庭生活十分重要。分配任務時最好是對當事人明確溝通，而非隨意或用推論方式給予模糊指示。感覺與情緒的溝通也同等重要，也應該如前所提到的一般清晰，並且時常表明個人所求、需要與意見。在較健康的家庭中，成員能表達多樣情緒，而不會受到批評或是遷怒的可能性；所給的意見都是溫和而具解釋性，而非刻薄與破壞性的意見，家庭成員之間需有真誠的同理心。

肯定別人意見的行為十分重要，這表示個人受到注意與重視。對於家庭中其他成員的正面評價，是強化自我形象與自信一個顯著的因素，這樣的讚美是為了有真正的貢獻與成就；在適當的時機提出實質建議，並且快速解決以恢復和諧。

· **運用權力**：在適應良好的家庭中，做決定的力量是共享的。這可以在傳統的性別角色架構中，也可以在這架構之外；然而，只要家庭承擔的角色公平、合理，這就不是問題。威嚇或是懲罰的使用該降到最低，父母應該有所掌控，但是不藉助權威的行為來幫助孩子內化標準；他們會對行為設定限制，但在孩子接近青少年時會給予越來越多的自由。有效率的父母，從早年就開始對議題採取清

楚的立場，他們領受自己的權威角色。

　　．**支持網絡**：能有支持網絡（親戚、朋友或社群團體），不論在精神上或物質上，都能幫助家庭成員對自己有更好的看法，來處理身為父母的難處。

　　．**家庭時間**：提供時間一起溝通、做決定與享受彼此的陪伴，對於家庭能健康運作十分必要，這表示必須控制看電視，或是參與俱樂部等活動的時間，才不會犧牲與家人相聚的時光。

　　．**配偶聯繫**：家庭的力量取決於配偶彼此溝通、信任、愛與和諧運作的能力。根據伊斯特曼的主張，人與人之間堅固的連結可「保護家庭」免於外在負面事件的影響。

　　．**宗教與心靈儀式**：這些儀式與健康的家庭有關，信仰系統可以使成員在由關愛的個人所組成的支持團體中去面對失落，教會網絡給予個人歸屬感與目的感。宗教儀式維持家庭凝聚力與承諾，並因強調愛、尊重、理解與原諒而給家庭生活帶來極高的價值。

父母的作風

　　有競爭力的孩童之發展很大部分取決於父母所採用的教養風格；我們已經指出早期母親／孩子聯結的重要性，還有從出生時就

經常正面地與孩子說話之價值。布頓懷特博士首倡的方式，摘要如下；我們希望能傳達很重要的一點：有效的父母教養，不是信賴摩登、昂貴的玩具，或是有大學學歷的父母；最有關係的幾點是：[223]

‧使家成為安全又自在的地方，讓孩子可以探索、研究有興趣的事物；要在不會傷害孩子的環境中提供日常用品讓他們做實驗。

‧能夠給孩子他們所需的關注與支持；及時、有利並且有熱誠的鼓勵對健康有益。常常聊天，並與孩子在智識與情緒上有所交流，並以簡單的步驟擴展其字彙。

‧對不被接受的行為與要求，要設限：不可慣壞孩子。

‧提供新的學習活動，允許他們在成長過程中承擔某些分享活動的責任；鼓勵假想的活動，特別是當他們在學習成人的角色時。

‧鼓勵自發的情緒反應。

聖經觀點

我們會查閱聖經中所呈現的家庭關係，首先點出上帝對家庭架構的理想，然後簡要討論那引導家庭成員健康發展的過程。

❶ 理想的家庭結構

鑰節 創世記2：20—24
問題 1.上帝最初所創始的是哪一種家庭架構？

回答：證據清楚顯示，上帝有意使一個男人和一個女人在婚姻中結合，祂沒有提供多個伴侶，祂賜福給異性戀的關係，這種關係是相互的依賴與合作，正如這個辭彙「一體」所指明的意思。所有成功的婚姻模式都是由造物者所設定——一個伴侶、異性結合，與相同的信仰。大洪水時期，方舟上得救的人也能看出有一樣的行為模式（創世紀7：13），被毀滅的人敗壞且暴力，而且顯然是實行多伴侶的行為（創世紀6章2節）。[224]

鑰節 列王記下4：1—7
問題 2.聖經是否提到單親及其他的家庭結構？

回答：悲劇性事件是人世生活的一部分，先知以利沙悲憫地對待寡婦與她兩個因為母親貧窮而將被帶去當奴僕的兒子，這紀錄是要幫助我們理解沒有伴侶的人之苦境。聖經中所指出的其他家庭組合，提示出人們在不同的情況中，仍然可以教養出適應良好的孩子（例如歷代志22：11、12；24：1、2）；沒有證據顯示聖經支持同性伴侶（羅馬書1：24—32）。

② 家庭過程－溝通

回答：這個愉快的段落表達了在愛中的喜樂，並且提供一個維持愛的秘訣——彼此間關愛地說話。未能有效溝通之危險，就顯示在聖經中一個顯赫的家庭中；當要賜福給以撒與利百加家的長子時，他們沒有溝通，每個人訂立下自己的行動路徑，結果帶來悲劇性的結果（創世記27：1－10）。在一個尊重與愛的環境中，雙向的溝通是理想狀態。身為天父，上帝指示我們，任何不合理的處理方式都是不實際的（以賽亞1：18）。婚姻關係也應該是情緒能自由表達並且能被另一半接納的地方（例如創世記24：67）；會溝通的家庭比較活潑愉快，能較有效率地處理危機。[225]

回答：這個珍貴的建議顯示出，安靜的回應通常能避免不好的後果；只要照著做，就能夠減少世界上家庭的痛苦。基督徒賴以運作人際關係的原則，在以弗所書第四章說得很清楚（31、32節），恩慈才是「當道」的字，所有其他形式的回應，都受到禁止。表達感

情而不批判別人，不用語言攻擊別人，正是健康家庭的行為模式[226]

> 鑰節 約翰福音11：35
> 問題 3.同理心在成功的人際關係上，扮演了什麼角色？

回答：耶穌對朋友的同理心範例，該是家庭關係的模式，因為沒有哪個群體可以像家庭成員般親近。對於他人的感覺有能力回應是減輕婚姻壓力的關鍵因素；缺少這種能力，是促使婚姻破裂的主要因素。[227]

> 鑰節 提摩太後書3：1、2
> 問題 4.正面的肯定與評價符合家庭關係中的哪個部分？

回答：經文中這段令人生畏的文字描寫基督復臨前的日子，提醒我們正處在那樣的時日裡！這裡所描繪的個人，沒有在家庭中表達感激，也沒有對其他家人的意見表示尊重。肯定與感激對於建立信心與正面的自我形像都很必要，兩者對於發展健康家庭與社會成員，都是不可缺少的元素；[228]然而，奉承與盲目的鍾情，對於強健的家庭架構沒有益處。

> 鑰節 以弗所書6：4
> 問題 5.我們該怎麼面對衝突？在家庭中的衝突該如何化解？

回答：聖經呈現了一個健康家庭的圖像，在健全的家庭中，不必使用尖酸的評論與怒氣的行為，就能有效化解衝突。建議模式是堅定的指示與有效率的解決，這樣大家都還是朋友（羅馬書12：10）。

鑰節 路加福音2：46－48

問題 5.父母對年輕孩子未來的安康，以樂觀的態度面對，這有什麼功用？

回答：耶穌由於被父母暫時性的忽視而與之分離，父母找到他時，他們開始對事件建立起負面的想法；耶穌以他的回答，要求他們樂觀一點（49節）。相同地，我們直覺的想法也許是不正確的；擴大選擇性，並戰勝我們原本的恐懼的過程，正是樂觀生活型態的核心。父母可以溫和地挑戰孩子的反應，讓他們知道，還可以用別種角度看週遭的事物。如果父母在面對環境的挑戰時有強化這個態度，就能強化樂觀的態度。[229]聖經鼓勵我們樂觀，提醒我們，在回應環境的改變時，可以有信心地說「到如今耶和華都幫助我們。」

（撒母耳記上7：12）

3 家庭過程－權力結構

鑰節 哥林多前書13：4、5

問題 1.聖經對於配偶間的主導權，有提過什麼看法？

回答：結婚後雙方就變成「一體」（創世記2：24），這不代表丈夫就可以不顧妻子的想法，做出所有決定；這個理想的關係牽涉到配偶間互相的依賴與合作，這正是愛的方式。愛不會在主導與順從為常態的狀況下發展；在健康的家庭中，不論在配偶間或父母與孩子間，很顯然會採取有效的、慈愛的「父母聯盟」（parental coalition），而非以擅權方式行使權力。[230]

鑰節 箴言31：10—16
問題 2.權力分享是否為聖經所計畫的一部分？

回答：所羅門王所描繪這個值得注意的遠景，是關於一位有美德的婦人，顯示出她在家中權力分配上扮演極為重要的角色。事實上，沒有她的投入，整個家庭的運作將會瓦解，而丈夫對於此點也有敏銳的認知（27、28節）；聖經中顯示的觀點，就是平輩中的領導權，是交給男性（以弗所書5：22；參考創世記3：16）。

鑰節 馬太福音5：9
問題 3.是否該以恐嚇和懲罰來掌控孩子？

回答：基督徒父母是和平的維護者。透過指導與講道理來鼓勵，只有在言語無效時才訴諸懲罰，被證實是有效的模式（箴言22：6、15）。這也是研究健康家庭所顯示出的模式——獨裁權力的使用

降到最低，以及在清楚理解與合理的範圍內鼓勵孩子做決定。父母掌控常規以及設定行為準則，並由父親扮演決定性的角色。而後逐漸增加青少年做決定的自由，因為這些孩子已經在支持性的環境中已內化了父母的價值標準，因此是安全的。[231]

④ 家庭過程──支持網絡

> 鑰節 使徒行傳9：36、39
> 問題 支持網絡對於幫助家庭扮演著什麼角色？

回答：支持網絡給需要物質與情緒幫助的人實質上的助力。

⑤ 家庭過程──家庭時間

> 鑰節 瑪拉基書4：5、6
> 問題 是否該對家庭作時間上的承諾？

回答：聖經中這值得注意的一段，描繪家庭崩解猛烈到無法控制的一刻。這裡著重的元素，就是需要做出時間承諾，尤其是作父親的；在壓力大的西方世界中，奉獻越來越多時間給事業、學業或職業。成功的誘惑，令某些人完全無法抗拒，導致與家人好好相處的時間減少，也造成婚姻失敗。我們要更多像丹尼佩特這樣的父

親，能從成功的事業中退出，並思考他們的生活型態對家庭的影響。丹尼早期在微軟公司有著光明的前途，快速晉升到西雅圖總部副總裁的職位；但他不要繼續被貼上來去匆匆的標籤，而是選擇更明智地工作，拒絕企業界中過度工作的倫理，回到較低階的工作，以奉獻更多時間與關注給家庭，因此成為一個更加「圓滿而完全的人」。[232]

　　上面說到的時間奉獻，是指那用來靈性教誨與家人團聚的第七日安息日之外的時間（馬太福音6：11；出埃及記20：8－11）；安息日是用來發展家庭關係的特別時間。

6 家庭過程－配偶關係

> 鑰節 雅歌4：9－11
> 問題 配偶之間的親密聯繫，對於健康家庭的發展有何重要性？

回答：聖經中所描繪配偶之間所展示出的聯結力量，毫無疑問地代表整本書中上帝的理想，也是上帝與祂的教會間理想關係的象徵。沒有什麼能替代配偶之間堅定、正面的關係，同時更可以確保兒童的情緒與智力發展。有堅定聯盟的地方，就會共享領導角色，而不會施行權威性的行為，而且配偶會彼此互補；這種連結的親密度決定了「整個家庭生活的品質」。[233]

7 家庭過程－宗教與靈性價值

> **鑰節** 帖撒羅尼迦前書4：13－18
>
> **問題** 1.心靈價值是否讓家庭成員比未信者更能有效地面對失落與悲傷？

回答：基督徒盼望的基礎就是永遠與上帝住在沒有痛苦和罪惡的新世界中，在那裏公義和愛乃是常態；在處理壓力情況時，這個信仰會帶來正面（包括身體健康）。[234]

能夠造成這些正面結果的道德與心靈價值，在溫暖、關愛的家庭中較能成功發展。正面、能接納而非冷淡、拒絕的父母，最能有效傳達這些道德價值給後代。父母教養風格的其他重要層面：是能立即執行處罰，而且標準一致的溫暖父母，比較能讓孩子知道道德的界限，尤其是處罰時能伴隨著解釋，效果更好。能了解一個動作為何被視為錯誤，對孩子而言十分重要；孩子理解之後，自然能產生內在的控制力；父母並未收回愛，也沒有用強制的言語或其他會導致焦慮、恐懼與怨恨的動作。孩子並非透過恐懼與焦慮接受這些價值，而是因為這樣的行為也許會「違背我自己的正面形像」，使我「有罪惡感」，或是導致「我很丟臉」的評論。[235]這種藉著內化而非外在威脅所學習的價值，正是聖經要父母達成的目標。這裡的言語是有點古怪，但是那些認同上帝的人「從心裡（或心志）順

服」；換句話說，他們先毫無條件地接受上帝的價值原則，然後加以實行（羅馬書6：17）。

> 鑰節 申命記5：12—14
>
> 問題 2.靈性的傳統是否能促使家庭去過協調的生活方式，並且去支持他人？

　　回答：對於這些問題的回答是，是！聖經指出上帝在創造世界與生物之後給我們的一個莊嚴的靈性傳統。這個傳統承認祂是宇宙中超越的統治者，並接受祂關愛與拯救人類承諾，這是崇拜的基礎並足以解釋基督徒對上帝的態度與委身。奠基於愛、忠誠與委身等原則的哲學，與在缺乏盼望的物質世界全力追求個人利益是相悖的，因此，基督徒是快樂而正面的（詩篇63：5；歌羅西書1：9—12）。

　　社群成員的支持，在傳達道德價值上意義十分重大。那些審慎地透過學校系統培育道德價值的社群，因為他們代表著群體價值，合宜地將成熟的社會價值傳給年輕人；相反地，那些主張公共學校不適合教導價值的社群，則會教養出反社會的孩童。[236]

> 鑰節 哥林多前書6：5—7
>
> 問題 3.宗教支持團體是否意欲扮眼一個調停的角色？

回答：這幾節經文提出的原則，適用於家庭問題，也適用於經文中提到的問題。負起群體責任，並非試圖逃避民法（羅馬書13：1-3），而是為了要從人際關係成功的人士身上獲得健全的建議。

社會良知

西方社會與某些其他社會相反，一直強調個人獨立、唯物主義與成功；不令人意外，成功被視為一個人與他人公平競爭後的回報，它帶來自我中心的生活態度。位居需要專業知識的管理階層，在我們這個物質社會中興旺，其他人則因為勞力需求減少而受到邊緣化；更有些人因為在工作環境中無法掌控自己的生活，而被疏離。後面這一類的生活壓力較大，後果就是身體不健康。[237]有些人認為著重資本主義、自私行為等，只是循序漸進發展出來的產物；而個人主義的興起與缺乏親密的社群，只是表現我們與生俱來的特質。自然，也有與此相抗衡的論點，視合作為人類天性的部分，[238]我們在本章後面，要從基督徒的觀點，探討這幾個議題。

追求好生活，激烈競爭與不確定性會導致神經耗弱與壓力，並不會使我們與同伴有長久、親密的關係，尤其大部分的人都住在都市裡；因為這些城市的本質，想要交到不同興趣和觀點的朋友並不容易。要建立親近、長久的友誼更是困難。最困難的是為了共同的利益而努力這個想法，因為城市居民大都熱衷於藉著主動與努力工作來增進私人的利益。以身為公民自豪以及為了大家益處而參與公共活動，比較容易在較小的社群中經歷到。[239]

然而，找回社群感的方式可以在大型人口集中地區找到；基

督徒理解每個人都是上帝的子民。他們也理解上帝並非不在場的主人，而是一直都存在於這世界上，這種保證給教友一種價值感，幫助他們理解信徒之間的確有共同的聯繫，可以透過實際的愛與接納來表達；這經驗可以改變一個人對婚姻、工作與這世界的觀點。其他人則熱中參加與族群、環境或政治事務有共同興趣的群體中，這帶給他們對群體、甚至是對世界有歸屬感。[240]這種群體感可以是我們行為的重要影響因素。舉例來說，2002年被提名為年度風雲人物的著名告密者（柯琳羅莉──聯邦調查局，辛西亞庫柏──世界通訊，與雪倫華特金斯──安隆），相信「他們工作之處，是以某種重要方式服務更廣大的世界。」[241]

有幾個特徵可以分辨那些為自我利益服務的人與那些為社群利益貢獻的人：[242]

・轉眼即逝的感覺，不是行動的基礎；長久的委身應該以投資未來這種想法作為基礎。

・行為自由奠基於共享以及作別人榜樣的價值觀上；這些價值衍生自理想的品德，並且不會否定既有的良好委身。

・文明的行為奠基於了解高舉價值能滿足個人的認同感。重視個人尊嚴，以及他們對權力濫用的感受，會使我們認同他們，因為

這些價值有普世的接受度。243

　　•社會參與而非孤立，能允許表達某種形式的自我決心，以強化個人抗拒一致性並且恢復活力。

　　回顧人生中的活動，告訴我們身為一個公民的滿足感，來自一個人所選工作領域的成功，也來自我們服務社群的成就感。

給予為了使人受惠

　　一個重要的問題是：孩子如何肯去參與社群與公共事務，或從事正向社會行為？當然，在危機時刻缺乏社會的介入往往會帶來悲劇性的後果，正如1964年凱蒂傑諾維斯的謀殺案使大家明白這一點。凱帝傑諾維斯夜歸時受到攻擊，被歹徒刺殺多刀，最後在尖叫驚動鄰居後死亡，38個目擊的鄰居中沒有人報警。244對照之下，無私的英雄行為受到社會的讚賞，這樣的認可會伴隨著獎勵、獎章與儀式；還有上百個捐贈器官給他人的人雖未受到喝采，但卻得到他人的感激。245

　　在我們尋求問題的答案時，不會去細分其動機究竟是幫助、分享還是安慰；一般人相信利他主義通常主要以關切他人為動機，但不可否認，有些行為對給予者也有正面的回報。加強正面行為，是對社會負責的態度（正向社會態度）的基礎。246

正向行為很早就啟蒙——在小孩學步期就開始發展。已發現較沒同情心的幼童母親比較傾向於給予身體上的鉗制與懲罰，並且不經解釋就限制其行為。解釋行動與此行動對人們的影響兩者之關係，在早期訓練兒童時十分重要，童年習得的行為，隨著兒童年紀增長會越來越穩定，他們也愈來愈有辨別力，而且在他們提供他人幫助前會先分析其不幸的理由。[247]

幫助兒童認知其他人的感覺、思考或是欲達成的目標，有助於正向社會行為的發展。道德推論促使青少年有能力去回應別人的需要和渴望；一個人可以經歷他人的情緒（同理心），就比較容易參與社會行為。在家庭與社會中，能夠鼓勵正向社會行為的影響因素如下：[248]

・發展那透過所有成員活動以貢獻群體福利的家庭結構。

・以團體的目標和利益，使競爭和個人目標得以平衡。

・透過口頭讚賞增進對社會負責的行為，而不要透過給予物質的獎賞。

・與孩子發展真誠溫暖的關係，讓他們所表現對社會負責的態度因受到讚美得以加強。

‧發展一種父母教養風格，就是依靠解釋而以較不強制性的方式，來矯正錯誤。

‧參加那目標明確的合作遊戲，而非只有參與奠基於個人活動的遊戲。

‧言出必行；對他人有幫助的正面示範活動，能幫助孩童與年輕人接受這些原則。就另一方面而言，拒絕遵行你的勸告，則會導致不好的結果。

‧避免接觸攻擊性玩具、遊戲與電視。根據了解積極關懷他人的人，可以進入別人的感覺裡；他們習得道德知識，並將它用在他們的判斷之中，他們也比較誠實，並較能夠專注在工作上和自我控制上。[249]

社會環境也對反社會行為有重要影響，家庭關係、社會價值（次文化）也有影響，這並不令人驚訝。關係冷淡並且常訴諸於體罰的父母，比較會養出有挫折感而且具侵略性的孩子；父母親的缺乏關懷與侵犯行為，也會反映在他們孩子的行為上；對於青少年行蹤與活動的冷漠，也會導致他們有侵略性，家庭環境中成人間的衝突也會有此結果。[250]

聖經觀點

對家庭、社群與這世界的社會責任方面，聖經提到許多好的建議；我們會檢視主要的問題，先從人類本質開始，因為這是科學上的社群起點。

▊ 人的本質

> 鑰節 創世記2：23、24
> 問題 1.人類成員是否一開始就被製造為社會生物？

回答： 上帝創造生物世界將近完成時，祂給了亞當一個伴侶，宣布其單獨一人不好。為了強化人類創造出來就是社會性生物這個想法，上帝使第七天成為休息的日子，祂和人類可以在這一天會面（創世記2：2、3，參照出埃及記20：8－11）。上帝藉著與人類夫妻的固定會面，在伊甸園中立下社會行為的榜樣（創世記3：8－9）。

此觀點與演化論相對；演化論強調，在歷史中某個時間，人類發展出社會行為。顯然，因為他們是由較為簡單、非社會的動物演化而來，這是唯一可能的選項。

> 鑰節 創世記3：1－13
> 問題 2.我們如何解釋反社會行為的出現？

回答：在這幾節經文中突顯的反社會行為，是亞當與夏娃為了他們不服從的不幸事件，究竟應該由誰負責任而爭吵。他們最後的結論是間接地責怪上帝，換句話說，自我被放置到上帝之上。在該隱與亞伯開始討論上帝對於動物獻祭的要求時，責難與憤怒在人類第一個家庭中再次突顯出來，這個討論最後以激烈爭吵結束，結束時該隱犯下人類第一起謀殺（創世記4：3-8）。

人類配偶起初被創造時是完美的（創世記1：31），但是他們在伊甸園違背上帝。他們在伊甸園中受到被逐出天堂的天使（撒但）引誘而違背上帝，而撒但是因為在天堂做出反叛的行為而遭受放逐（創世記3：1；啟示錄12：7-9）。撒但現今仍然活躍，並且繼續誘惑人類。人類無法有效地抗拒，除非懇求基督賜予我們力量（哥林多前書10：13）。我們都有做壞事的傾向（羅馬書5：12，約翰壹書1：8），不論是孩子還是成人，每個人都需要救主，也就是耶穌基督（約翰福音3：36；使徒行傳4：12）。

② 沒有人是座孤島

鑰節 路加福音10：29-37

問題 1.身為基督徒，我們能佯裝他人的不幸與我們無關嗎？

回答：耶穌所說這個經典的故事，清楚地告訴我們，我們的鄰

舍是周遭所有困苦的人。我們不能以為將自己與他人切割，就不會有牽連。有個很有趣的補充故事很適合我們的討論，是關於先知約拿（約拿書1：1－13）。約拿想要忘記上帝的指示，逃到一艘船上想躲避上帝派給他的任務；風暴突然侵襲他所搭乘的船，這風暴正是上帝差來使他恢復理智的。為了安撫整艘船船員因為可能發生船難而憂慮與恐慌，約拿良心不安，要求將他丟下船，以平靜大海。水手們萬不得已地照做（14、15節）。這個故事告訴我們自己的作為會影響到他人。

鑰節 彼得前書3：8、9
問題 2.基督教哲學是鼓勵正向社會行為或是反社會行為？

回答：使徒彼得表達得很清楚，那些稱自己為基督徒的人，在對社會負責的行為中展現了信念。基督徒有同理心，會顯示「憐憫」，並且「心地柔軟」，因為他們經歷過上帝的愛；他們會以好言回報辱罵，這與許多人第一時間的衝動有所區別。反社會行為不在基督徒的思考內，因為他們是服從法律的人（羅馬書13：1－3），也是使人和睦的人（馬太福音5：9）。基督徒有崇高的目的，因為聖經稱我們為「基督的使者」（哥林多後書5：20）；這表示我們遵行基督所給的模範。

3 尊嚴與價值

鑰節 約翰壹書3：1－3
問題 1.人類尊嚴是否與價值觀有關聯？

回答：當我們接受上帝提供的拯救時，就被宣布為上帝的子女（羅馬書8：14）；理解到基督是為我們個人而死時，這個知識給我們一種無窮的價值感。這個啟示使我們感到謙卑，並且期待在救主從天堂來接信徒時，能遇見祂（帖撒羅尼迦前書4：13－18）。

父母的責任是幫助孩子平衡地發展自己的能力、機會與責任；關愛、接受與投入的父母，會有民主的教養風格，與孩子相處良好，能幫助他們對其個人潛力與個人尊嚴有個實際上的概念。**251**

基督徒相信上帝按照祂的形像創造我們，祂為拯救我們免受罪的懲罰而死，並且希望我們與祂永遠同在；因此，他們謙虛地認知到自己的價值（他們有堅定的自我尊重），但是驕傲自大不會是他們自我形象的部分。他們樂於被稱為基督的追隨者，並且樂於將祂高貴的行事原則反映出來；其結果就是，他們在所有人眼中表現出有尊嚴的品德。**252**

鑰節 列王記上22：51－53
問題 2.價值與正向社會行為間是否有所關連？

回答：亞哈與他的妻子耶洗別的家族故事，我們從民俗傳說中就已知道。他們並非特別好的人，甚至自甘墮落到謀殺他人，只為了達成自己的目的（列王記上21：3-16）；亞哈的兒子（亞哈謝）也照其父母的行事風格做壞事。

侵略性或反社會性行為，與一個人在次文化的運作中所接受的常態與價值觀有關。這只是一部分；有些社會的反社會性卻是來自於社會所重視的獨立、好鬥與冷漠等想法。[253]

不令人驚訝，正向社會行為也與所接受的價值有關；培養合作行為與責任感的社會，較有可能教養出關懷他人的孩子。西方社會在此方面相當不良，因為他們注重個人利益，為了達成個人目標而獎勵競爭；分享的行為並不常見。[254]

4 鼓勵正向社會行為——家

鑰節 撒母耳記上1：20-23、28；2：18-20、26

問題 1.在溫暖的家庭背景中所教導的價值，比在嚴酷的環境中所教導的價值是否有較大的影響？

回答：哈拿和她丈夫的故事，提到撒母耳享有父母對他的關心與愛，從這位母親持續的關注可見一斑。撒母耳小時候由祭司以利

照顧，受到的關愛甚至超過以利對自己兒子的關愛。之後，撒母耳長成強壯的個體，他對原則的堅持使他成為傳奇人物（撒母耳記上12：16－19）。

　　溫暖、關愛的父母主要以解釋而非以處罰的方式來訓練孩子，這種風格與孩子的正向社會行為的發展有強烈關聯繫。[255]這是可採用的好模範，也是聖經的建議（以弗所書6：4）。

鑰節 詩篇133：1
問題 2.參與合作的群體活動是否有任何價值？

回答：大衛寫的詩篇，來自他豐富的體會。他親自體會若無同胞的合作，會帶來的沮喪與不好的後果（撒母耳記上17：22－31）。

鑰節 馬太福音23：1－4
問題 3.照我們所說的話去行有多重要？

回答：承諾卻沒有相符的行為，對人類並無利益，在上帝眼前也沒有價值；聖經對這點闡釋得強而有力，我們在履行對上帝的承諾時應該要特別小心（傳道書5：4－7），祂留給我們一個絕佳的典範去跟隨。祂差遣救主的這個應許（創世記3：15），藉由基督在這世上的生與死，以及祂之後在天堂的事奉而兌現（約翰福音3：16；希伯來書

7：24－27；8：1－6）。祂提供拯救的對象是所有人，不分種族，並且超越歷史，正如耶穌的行為所闡釋的（路加福音23：39－43；約翰福音4：9、10）。

鑰節 腓立比書4：8

問題 4.我們所見、所思、所行之間是否有關係？

回答：這段強而有力的經文精確告訴我們，基督徒受到誘惑去思想或企圖去做（看看我們的時代）不純潔、欺騙與侵略性的行為時，該如何做？侵略性與不合作的行為，通常是電視上所呈現的反社會行為；用心選擇表現友善、自我控制與正面社會行為的節目，就可加強這些特質。**256**

5 鼓勵正面社會行為－同儕團體

鑰節 提摩太後書4：2

問題 1.教導正面社會行為對於理解正面社會行為是否有效？

回答：基督教信仰奠基於無私的愛這個概念上。這如何在行為中表現出來，正是由耶穌自己所呈現示範（馬太福音25：34－45）。接受耶穌教導的人，採取正向社會行為，因為他們了解個人的價值，也了解他們是上帝的大使；甚至無神論的社會體制也理解道德訓練

的價值；當我們著重正向社會行為（分享、集體遊戲與工作活動）、體諒與自制，經歷過這些經驗的孩子就會接受此一價值。有一點也許令人驚訝，前蘇聯在60、70年代培育出的孩子，比起他們的對手美國（基督教國家），較少有反社會行為。美國的公立學校採取的態度是：教導道德價值並非他們的工作，這種態度無疑衍生自道德價值是相對的而非絕對的這種想法。[257]

基督徒可以、也應該主張道德價值是絕對的，因為他們理解道德行為的法典（十誡）是由上帝親自頒佈、親手寫成（出埃及記20：1－17；31：18）。在上帝的救贖計畫進入到伊甸園之後（基督教思想的第一個概念，或說是基督教思想原形──創世紀3：15），好幾個宗教運動都採用這些原則，並且將其融入他們的信仰系統（例如佛教與回教）。

鑰節 使徒行傳4：32－34

問題 2.哪一種人格特徵，如果表現一致的話，可以鼓勵正向社會行為？

回答：對其他人的關懷，是從基督為我們死於十字架上所展現的愛湧流出來，這個想法是基督徒生活方式的中心（哥林多前書13章）。我們的故事在初代教會的行動中反映出這個原則，並且對教會的權力做了解釋（33節）；這個作法可以與哥林多教會相對照，哥林多教會的教友，由於他們的分門結黨，甚至不肯等待他們的教友一

起享用主的晚餐，反而各人先吃自己的飯（哥林多前書11：18－22）。使徒保羅接著說到，他們的態度使他們靈性軟弱（29、30節）。

⑥ 正向社會行為是基督教倫理的一部分

鑰節 馬太福音25：37－40

問題 1.上帝如何看待我們的人生，還有，不自私的行為是否會得到任何稱讚？

回答：基督徒會對基督為他們的罪死於十字架上這個利他主義的典範有所回應，因為他們知道若非如此，就要經歷永遠的死亡（羅馬書5：15－17）。這個典範再次顯示在基督門徒們的生活中（哥林多後書5章20節；雅各書2：14－17），他們被稱為是祂的使者。基督徒會想要表現正向的社會行為，並且對他人的安康做出各種大大小小的委身（出埃及記32：32－34；馬太福音25：37－40）。

鑰節 馬太福音28：19、20

問題 2.基督徒對窮困之人的事務，表現多大的興趣？

回答：基督徒的關懷從鄰人開始，然後延伸到全世界。沒有什麼比我們對全人類負有義務更大的領悟；就是真正體悟到我們需要救主，並且祂要使我們作祂的代表（哥林多前書5：20）。

> **鑰節** 申命記8：18；瑪拉基書3：8
>
> **問題** 3.同理心的想法與制度性的慈善事業，二者之間是否存在
> 著連結？

回答：上帝給我們有能力去掙得金錢，因為是祂創造一切（詩篇24：1），擁有一切；認知到這些事實，就能引領我們成為慷慨的支持者，為他人帶來救贖的福音（羅馬書10：15；哥林多前書9：13、14）。有規畫的慈善事業，必然會改變我們付出的優先次序，並加強了我們正向參與社會活動（prosocial activities）的決心。

⑩ 擺脫持續的壓力

壓力是我們生活的一部分。科學家告訴我們，如果我們的生理機制正常運作，那我們就不會感受到壓力；如果身體在亢奮的狀態，腎上腺所分泌的「飛翔或戰鬥」激素（即兒茶酚胺濃度——腎上腺素與正腎上腺素）是提高的；另外可觀察到的反應是心跳頻率、血壓與血糖濃度（由肝醣儲存）升高。對壓力較長而持續的反應，則是由另一組腎上腺皮質（醛固酮及去氧醛固酮）調節，它們貯存的能量（在脂肪組織中）變為可使用的游離脂肪酸，由此能快速產生葡萄糖。當個人的反應策略是消極而非積極的時候，皮質類醇激素濃度也許會異常地升高；一個人在經歷到某些新奇事件，例如公眾演講，令人愉悅的驚喜，甚至是引起慾望的吻時，也可能會有相同反應。因此，我們注意到不只是賀爾蒙濃度的提高很重要，此種經驗的持久度也很重要。在壓力當中，人曾嘗試去避免這種壓力賀爾蒙濃度（也就是腎上腺素與皮質類醇激素）升高的經驗，但無法成功。[258]

壓力變得對我們很重要，因為它會影響我們的健康，[259]在這三個領域中顯示的很清楚：第一是在血管疾病中——動脈硬化；這不是個簡單的狀況，同時受到遺傳與飲食，再加上壓力的影響。動脈硬化時，動脈內部會有脂肪沉積，特別是有壓力的狀況下。這種脂肪沉積的過程，在血壓升高時會增加——脂肪酸指數提高的同時若進行激烈的運動，可以清除血管中的脂肪沉積，否則，脂肪就會在

動脈壁上沉積。[260]

　　在人格特質調查當中，已辨認出數種不同類型，我們對A型行為的理解也許比其他的類型來得多；這種人十分具有競爭性，傾向於快速匆忙，活躍於多項計畫上，傾向於戰鬥。最後這項特質就成為冠狀心臟疾病的好指標，這種人若希望活得長久，宜改變其行為模式。[261]

　　胃腸問題也與壓力有關，特別是胃潰瘍的形成。因為壓力，神經系統會減少血的流動，因而輸送到胃部的營養與氧氣也減低，但胃壁與胃壁上的保護膜，需要氧氣與養分才能加以維持；當養分供給量未達正常時，胃壁黏液分泌量就會不足，因此當食物進入胃時，酸性物質（**分解食物所需**）開始產生，胃就會暴露於胃酸的浸蝕當中，形成傷害，因為胃壁在酸液產生時並未受到完全的保護。[262]

　　壓力對免疫系統也有影響，因此也會影響身體對抗疾病的能力。這些影響的確切因素我們還不知道，但是擁有有效策略的人，維持正常免疫系統的功能較好。已經有人提出壓力與人體控制某些腫瘤的形成，有著耐人尋味的連結；壓力、賀爾蒙濃度與人體內癌症形成關係，仍需更進一步的證實才能確立，但這是一個值得探討研究的領域。有越來越多的證據顯示，壓力與慢性疾病的發展有關聯，神經系統會與內分泌和免疫系統間有複雜的互動。[263]

另外有關人類心靈與壓力之間的連結，這關係強烈到連科學世界也肯定宗教信仰對身體與情緒健康的影響，但有些人並不特別想談論。[264]

使壓力減少的處理策略

當我們面對壓力，身體就會開始啟動處理策略；這幾乎是無意識的動作，但是若壓力持續且複雜，就必須採取更有力而直接的方法面對。成功的處理方式包含四種組成元素：[265]

・**逐漸增長的體認**：從各種觀點來看問題的本質，不要滿足於現有的狹窄觀點。

・**處理過的資訊**：探索一些可以改變壓力知覺輸入的方式，查看現有的選項與資源。

・**修改過的行為**：探索和平解決問題之道，包含新的行動和修正的行為。

・**和平解決**：和平且理性地解決問題，才能維持與他人間的滿意關係。

能夠承擔風險與尋求新的行動途徑，以和平理性的態度解決壓力情況的能力，對某些人格特質類型而言，比他人格特質類型容

易。不過，可採取的策略很多，而且好消息是處理技巧可以隨著經驗的累積而增進。首先，個人必須願意在解決壓力上採取積極主動的角色；第二，身心都必須密切專注於壓力管理上。

處理技巧可以分為好幾種類型，個人可以從中選擇；我們將簡短提到幾個被公認的處理方式。[266]

•**態度調整**：這是接受責任感和擴大解決問題方式的過程，而非透過合理化來限制解決方法。成功的個人對於情況的解決都很樂觀。

•**行為調整**：改變行為模式牽涉到覺察，一個改變的渴望，並且在採取行動時有意識地選擇更適合的行動。這也許會牽涉到表達個人感覺（執著）的意願，而不會顯得消極或具侵略性。

•**創造性的問題解決**：這是找到新方式來面對問題的藝術，而非認為只有一種做事方式，或認為別人有全部的答案。

•**溝通技巧**：所有的關係都取決於那與自我揭露與傾聽有關的溝通技巧，溝通不良時，可能會引起衝突。解決衝突最有效的方法，就是透過理性的對話。

·**時間管理**：管理時間以便將事情列出優先順序、訂定時程並且予以執行，這是一種可以學習的技巧。平衡工作與玩樂（個人時間）是常被某些人忽略的元素。

其他妥善處理壓力的策略包括原諒與祈禱。

與上述處理方式密切相連的是那能減輕壓力的放鬆技巧，一開始這些技巧並非被視為減輕壓力的方式。一些減輕壓力的放鬆技巧有：治療、音樂、藝術、水療與冥想。從自我表達到放鬆，它們在許多方面都可發揮作用。

聖經觀點

聖經紀錄許多來自不同文化的生活事件，這些先人面對的壓力，有時與現代所面對的壓力不同，但是他們的例子提供了良好的處理態度，值得我們思考，且具有可信度。

1 調整態度

> 鑰節 創世紀3：11－13
> 問題 1.無生產力的處理其後果為何？

回答：亞當與夏娃違背上帝後，受到極大的壓力，他們有罪惡

感且開始感到害怕；當上帝質問他們時，亞當與夏娃發生爭吵，想要責怪他人，最後甚至怪罪上帝，他們說：你祢所造的人欺騙了我！想要藉此逃避責任。有效處理壓力牽涉到負起責任，而非將責任轉嫁他處、找藉口或是責怪他人。有效率的人會採取正面（樂觀）的態度，以尋求解決方式，甚至以不同的觀點看問題，試圖從中找到有價值的事物；此作法脫離受害者的想法，不沈浸在別人的同情中，對人生有積極的態度。我們需要善加利用情況，而不是把事情搞砸。我們的健康會受到態度的影響。[267]

> 鑰節 民數記13：27、28、30、31
> 問題 2.我們在面對數種可能性時，該採取何種選擇？

回答：被送到迦南的探子所陳述這段生動的回報，正適切地表達了人對相同證據有不同的見解。迦勒與約書亞對他們的前程塑造出光明的遠景；他們並未否定這土地上有巨人存在的跡象，但是他們準備好要越過此地，心中牢記上帝為了在迦南給他們一塊應許之地而引導他們出埃及，他們以積極的態度來陳述問題；我們做決定時都該先分析全面的情況，以明白上帝旨意的證據。

艱難的狀況也許會導致震驚與沮喪，只要個人可以在一段合理的期間內繼續向前，進入到更加積極的思想與行動中，就不該視這種狀況為有害。在不可能改變情況的例子中，以沉著的心態接受現

實是有益的。[268]當然基督徒確信上帝必能幫助我們改變態度的（哥林多後書12：7－10）。

2 行為調整

> 鑰節 馬太福音26：74、75與使徒行傳4：13
> 問題 1.行為是否可以改變？如何改變？

回答：在這三節對照的經文中明顯看出使徒彼得的行為有顯著的改變；其改變是從口出惡言、畏縮的漁夫變成辯才無礙且自信滿滿的傳道者；受到聽眾恐嚇時，彼得以堅定的態度回應（使徒行傳4：18－20）。繼續光明正大地服事他的主，並因此死於十字架上（約翰福音21：18、19）。

為了改變行為，我們首先該意識到令人不悅的本性，並且渴望要改變。有了這種察覺，在即將採取行動之時，新的方向就會開始聚焦；展開這個新的行動後，就能看到改變並想出自己所希望的進步空間。[269]對基督徒來說，這個過程是一樣的，不同之處是他在做出這類改變時會請求上帝的幫助。（羅馬書6：5、6；哥林多前書10：13）。在受到試驗時，我們可以很有信心地要求上帝的同在，並確知這請求一定會得到應允的。

鑰節 創世紀39：7－9
問題 2.態度、行為與價值之間有什麼關聯？

回答：青少年時為奴隸，最後變為一國之長的約瑟，[270]他的故事很值得探討。約瑟的行為衍生自他對神的態度，也就是以原則為根據；他據之以行的原則就宣示在基督徒所採用的道德規範中——自私的行為該受到擯棄（出埃及記20：14）。

若要改變我們的行為，就該重新思考我們的態度，最終要重新考慮我們的行事原則，這點不無道理。基督徒十分幸運，有一套經過長時間測試的道德規範可用；我們在之後的章節中會探討這套價值觀。

③ 創意解決問題

鑰節 使徒行傳15：36－39
問題 是否永遠有一套正確的做事方法？

回答：此處所引的經文強調保羅與巴拿巴間，對於是否該接納約翰馬可回到他們傳福音的團隊之中而有激烈的爭論。這裡的問題很明顯，就是每個人都認為自己的做事方法是正確的。解決問題通常有很多方法，特別是當道德倫理議題不牽涉在內時。從混亂中理

出秩序，需要創造性思考。可以跳脫既有的方框外，並且找到做事
方法的人，就能想出解決問題的策略，因而此降低壓力；創意解決
問題是最重要的處理技巧之一。[271]

　　聖經中有些出色的創意解決問題之例，都與耶穌的生活有關。
我們建議讀者參考下列文獻中的幾個例子（馬太福音22：15－21；約翰福
音8：4－11），這些例子闡釋這類解決方式，並不需要長久而複雜的
過程。

４ 溝通技巧

> 鑰節 使徒行傳15：5－7、12－14
> 問題 1.建立一段關係最重要的因素為何？

　　回答：與上一個故事中保羅和巴拿巴有明顯的衝突形成對照的
是，這一個故事因為其中提到的人物採取有效的溝通，而有快樂的
結局。有人說建立關係最重要的三件事情就是溝通、溝通、溝通；
溝通的概念牽涉到自我表達與積極傾聽。這幾節經文中的人物都能
採取解決衝突的對話方式，他們坦誠地交換意見和事實，[272]並且在
不忽視原則之下妥協。對基督徒而言，與上帝的溝通也同等重要；
我們被勸告要「不停地禱告」（帖撒羅尼迦前書5：17），或者換句話
說，每天都應與上帝溝通、溝通、再溝通。

鑰節 雅各書5：16

問題 2.我們可以探索何種有治療作用的活動以提高自我察覺，
　　　並且幫助減輕壓力？

回答：此處引用的經文很有趣，因為它談到重要的溝通形式。
想要得醫治的人要矯正其生活中常常會犯的錯誤與輕率的態度。另
一方面來說，要將罪惡向神承認，我們不需要其他人或是神父為我
們代求（提摩太前書2：5；約翰壹書1：9）。

經文中的這個指示可以被視為一種陳述，證實抒發情緒能減輕
壓力這個原則，並且使個人的心靈框架更能進入有信心的醫治禱告
內。

❺ 時間管理

鑰節 出埃及記18：13－20

問題 1.領導者可以增進其處理能力的方法是什麼？

回答：摩西的問題是工作量太多，他的岳父（葉忒羅）建議，授
權是合理的解決方案，這的確能有效分擔摩西所承受的領袖壓力。
葉忒羅所採用的方式，是分析情境、提供選項，並且選出最好的解
決方案。優先次序、列出特別時間給優先事項、然後將計畫付諸實

行，這些概念能在這段聖經記載中看到。[273]

　　工作環境造就出許多可以負起責任及管理的較高階層。所投資的努力立即就可以收到回報。相反地，對家庭的投資需要比較多年才能實現，而對健康的缺乏投資甚至要更久才看得見。挑戰在於突破許多人心態上的限制，將時間分配給真正重要的事情與人物上。我們參考資料來源的作者丹尼爾派特，就是個有勇氣換工作的高層管理者，他辭去公司日理萬機的工作，就是為了能夠花時間與家人和他真正寶貴的其他人相處。[274]這顯然是個需要勇氣的作法。

　　鑰節 馬太福音14：23
　　問題 2.是否每天都該有個人時間？

　　回答：個人專屬的時間是指專供個人發展的時間；耶穌的範例值得仿效，祂給祂自己時間去默想與放鬆。

6 原諒、祈禱與其他處理策略

　　鑰節 詩篇37：8
　　問題 1.規避問題會有什麼後果？

　　回答：怒氣只會導致更大的傷害，逃避問題不能解決壓力。不論在生活型態或是工作環境上都需要改變，否則健康會受到影響。聖經給了健全的忠告，提到不可含怒到日落（以弗所書4：26）。我們也許會感到驚訝，原諒被視為是重要的處理方式。我們得到的忠告是要超越怒氣，並且原諒那位透過其行動帶給我們負面情緒的人。負面情緒帶來有毒害的想法，使我們容易感到壓力，或者喪失自尊；建議是要當正向思考者，而非當受害者。[275]

> 鑰節 尼希米記2：2－5
> 問題 2.禱告這個想法是否為有用的處理機制？

　　回答：這裡提到的禱告很簡短，但在尼希米的經驗中能有效減少高度壓力；其他人也以類似方法禱告，以巴比倫王國高級皇室官員但以理為例（但以理書9：20－23），他在我們的參考資料中，被描繪為仍在努力解決最初造成其昏倒生病的壓力問題（但以理書8：27）。我們再次發現他請求上帝的幫助，以求理解猶太人與上帝國度的未來前景；他的憂慮最終由於神的啟示掃至一旁。我們也許會不禱告，但值得注意的是，科學世界的相關部分也理解到，禱告能給予希望，培養樂觀，還能降低焦慮。[276]

7 治療

回答：我們引用的經文告訴我們，古老的文化肯定幽默；聖經的列王記上18：27－29，就給了我們一則有趣的故事，以幽默來釋放壓力。在這段敘述中，兩種指導哲學彼此爭執，一決勝負的時刻即將來臨。以利亞是唯一以上帝為中心的代表，其他則有許多人崇拜巴力（腓尼基人與迦南人的神），情勢十分緊張，但是以利亞採取了一個大膽的舉動，他引入誇張作為一種幽默的形式。對手認真地看待了這些評論，但這個策略無疑減輕了以利亞的壓力。

幽默的使用是我們要評論的一點。正面的情緒會對健康有卓越的益處。諾曼卡森透過自我控制的幽默療法使那罕見的類風濕疾病減輕或痊癒的經驗，對所謂的心理神經免疫學的研究十分重要。幽默已被證明是個處理策略與放鬆的技巧，能將身體帶回平衡的狀態，並且維持免疫系統的功用。幽默不是萬靈藥，但其功效卻不可抹滅。[277]

鑰節 撒母耳記上16：23
問題 2.音樂治療是否真有功效？

回答：此處引用經文中所提到的掃羅王，據說在音樂療程之後

感覺到「舒爽」與「暢快」，並且解除了他的憂傷。音樂可以刺激多種情緒，放鬆也是其中一種；牙醫與外科醫師都會在等候環境中引入適當（節奏緩慢的樂器音樂）的背景音樂，以減輕客人的焦慮。關於音樂能引起或平復情緒，[278]其中並沒什麼嚴重的問題；音樂主要被視為是放鬆的技巧而非處理策略。[279]

8 放鬆

鑰節 詩篇143：4－8

問題 就壓力管理方面，默想具有可信度嗎？

回答： 大衛王以一段憂傷的聲明開始他的詩篇，然後繼續告訴我們他如何藉由默想上帝的事功與仁慈，來尋求慰藉。有許多放鬆的技巧可以使用，某些可以建議給基督徒（例如默想靈性主題、音樂、水療、運動），其他則不建議使用。[280]一個經過證實的放鬆方式，就是尊崇上帝在創造世界後所設的安息日（創世記2：2、3）。第七日安息日（星期六）被設立是為了與上帝溝通（默想、禱告、歡喜），以及與他人一同加入團體活動－例如家人和其他志趣相同的人（出埃及記20：8－11）。數百萬人發現這種經驗可以放鬆，並且很有價值，而且他們認為在這一天崇拜很自在；這是因為還有個理由，就是其他所有的選項都是人類所建立的制度。[281]真誠的靈性經驗，已經過證實對健康有益。[282]

9 心靈

鑰節 詩篇32：1－5
問題 我們可以採取何種步驟，來增進生活的靈性？

回答：詩篇作者大衛告訴我們，他在偏離上帝之後尋求靈命更新；靈性必然意識到在這世界與在信徒當中有神在運作。在真誠的基礎上積極參與宗教活動，能提升靈性。

達成靈命成長所需的步驟有數個，[283]第一步牽涉到反省一個人的人生，正如此處的經文所指，並且思考自己是誰，以及我們為何在此。身為基督徒，我們會去思考，自己在上帝眼中十分珍貴，因為耶穌犧牲祂的生命為了救贖我們。考慮到這個偉大的犧牲，我們就會受到鼓勵，毫不保留的奉獻去回報祂。我們首先以悔改和認罪為回應（赦免隨之而來），這樣會感覺到與上帝親近；這個步驟在聖經中描寫為淨化你的心靈（馬太福音12：43－45），然後必須以新的洞察力填滿內心，而使人生的方向更清楚敏銳。信徒因為這種信仰的經驗，而服從上帝國度的道德原則；這個過程的最後一步，就是參加聚會（希伯來書10：24、25），參與有意義的團體活動（瑪拉基書3：16）與他人分享喜悅的經驗，以及在此經驗中所獲得的洞察力。

⑪有目標的生活

現今在西方世界中，許多人的想法都已經越過了理性與科學（現代主義），到迷人的後現代主義，這想法拒絕絕對的原則，並且試圖破除已建立起的思考模式與觀察知識。這種想法中沒有所謂的對錯。後現代主義者對感性、寬容與正義的要求，足以闡明其脆弱性，因為我們注意到，所有這些立場都牽涉到道德價值。[284]後現代主義並未尋求建立一個世界觀，只是想論證這樣的觀點沒有根據。[285]

當人類嘗試透過觀察、實驗與推理來理解世界時，新的時代就開始。從這種經驗中衍生出法則、假設、價值，許多新奇的發明成為我們的輔助。有些人認為獲得這樣的知識，是引導偉大成就並且減輕人類不幸的黃金時代；至少從近幾年來，這些進步被視為完全衍生自人類的努力，這點並不令人驚訝，因為科學方法所產生的世界觀特別排除掉上帝的位置。

伴隨著現代主義而來的樂觀，因人類苦難、環境惡化、戰爭與其他災難的持續，而暗淡鈍化。現在我們發現，許多人已棄絕現代主義，以及現代主義所訴諸的理性，也拒絕接受有絕對真理的存在。後現代化的人認為，所謂的科學事實，只不過是真相的一種解釋，透過語言我們只能傳達相對的真理；對這些熱衷後現代主義的人而言，絕對的道德原則已經消失，個人自由與愉悅的經驗才是最

重要的，我們可以欣然接受混亂與膚淺，人類的價值被帶到與其他有機體相同的層次，甚至比它們更低。[286]在這樣的新世界裡，據信對人類和平共存的要求，只有相互容忍。文明能否在相互容忍這個規範下繼續存在還有待討論，因為要每個人都選擇他或她所想要的事物，卻不要隨之而來所需的堅決奮鬥力量，這是不可能的。[287]

其他有些人追隨東方思想，企求能夠找到人生的意義與成就；這些哲學追尋不太可能有幫助。當然的確有一種不同的世界觀與道德價值存在（基本上就是金科玉律），然而，若我們以印度教與佛教為例，兩者都教導說物質世界是幻像，事實是看不見的而且是心靈的；在這兩個宗教與其他宗教中，都強調要行善積功德，所以從來不可能會達到涅槃。這帶領我們回到基督教思想中，只有基督教思想相信有一位關愛、神聖且公正的上帝，這個上帝正是宇宙的創造者，並且為所有人犧牲祂的生命，以拯救他們脫離想找到一種道德倫理價值以保存公正社會，這種迷惑與無效的努力。甚至，基督教的上帝是活的（祂從墳中復活），而且將救贖賜給我們。耶穌不是凡人，不像其他宗教的創立者。耶穌改變祂追隨者的人生，他們的好行為是出於感激耶穌，我們的救主的愛。祂的門徒都透過對祂的愛，以及祂的幫助，忠誠地奉行祂的典範。[288]

早期基督教會所闡述的重要價值

早期基督教會於羅馬帝國時代興起，自然而然產生世界觀的衝

突。藉著研究這些世界觀，我們可以觀察到基督徒如何在他們所處的變化環境中運作。我們盡量藉著基督的職事為範例，對其教訓有更純粹的觀點，正如祂的門徒所理解與實行的。

有另一個理由說明我們為何要特別注意早期的紀錄，這紀錄較少受到異教徒想法的汙染。康士坦丁大帝試圖藉著使基督教合法化以建立起基督教力量，而基督教最終變成了國教（西元381年）。然而宗教與政治融合得並不好。羅馬帝國內許多稱自己為基督徒的人，並沒有奉行它的基本原則，反而將自己的文化納入基督教信仰中，因此污染了基督教。[289]

今天的伊特魯里亞城市遺跡，正是羅馬共和國的證據，尤其是羅馬帝國宏偉的建築和紀念碑向我們訴說一個偉大的文明。七座山丘之城羅馬，就是根據這些傳統建立於753年。帝國開始於西元前27年，由奧古斯都大帝擔任第一位皇帝，並且在之後第一個世紀內，也就是西元二世紀初期時達到頂峰；西羅馬帝國滅亡於西元476年。[290]

這個偉大帝國的衰弱與滅亡有許多原因，學者意見並非完全一致；不論我們支持的原因為何，我們不能忽視帝國領導人的世界觀，因為這最終會影響一切。我們對這個世界的觀點，會影響我們如何與這世界中的人事物互動，也會影響我們的藝術、建築、詩人、科學家與政治家。羅馬帝國在奧古斯都的統治下，以皇帝為國

教之首，之後的皇帝被抬升到神明的地位；將此與基督徒的世界觀相對照，基督徒有造物者上帝為首以及崇拜的中心。祂在聖經中所啟示的旨意，給了基督徒絕對、普世的價值，引導他們做決定。可想而知，緊張的關係開始在皇帝與其某些子民之間發展，因為皇帝要求只對他效忠，衝突的強度可以從競技場中屠殺基督徒為娛樂這個例子中看出。這種奠基於崇拜皇帝（據信皇帝為諸神在人世的代表）的系統，必定會衰敗，因為這是臣服於人類的弱點、專制與墮落。[291]基督徒的行為所呈現出的價值，忠實地紀錄於歷史中，[292]因此我們發現他們：

・相信有一位造物者上帝，不像羅馬人相信有眾多神明。

・接受耶穌基督是人類歷史的中心。

・接受耶穌的功勞為他們拯救的唯一基礎，這點是他們透過信仰而接受的。

・接受先知與使徒的寫作所表達之上帝啟示為唯一的指引。

・身為帝國的好公民，服從帝國的一切要求，只要這些要求沒有與上帝的話語相悖。

・作為上帝恩典的使者，沒有差別地分發盼望與愛給所有人，

因為他們視所有人為平等。

　　• 接受並且實行上帝的旨意，以及相信人類所確認的道德價值（十誡）。

　　原始的基督教信仰帶給今天的我們一個挑戰，它接受有個造物者這樣的想法，但否定只需要人類本身的努力，即可發現最終真理這個主張。因此，基督教信仰不同於世界上其他偉大的宗教，也與後現代主義沒有共通點。後現代主義者提出的一點很值得思考，就是堅持我們必須建構自己的真理；這點應用到耶穌基督的身上，就是必須透過那符合聖經原則的個人經驗，才能獲得真理。

　　後現代主義者需要浸潤於基督的愛中，才能夠觀察到上帝的愛，祂希望拯救人類，而且人類可以在世界末日時參與這個偉大的事件。在我們四周會有（偉大故事）以耶穌基督為中心的「後述記敘」。[293]

聖經觀點

　　對基督徒而言，聖經是耶穌基督歷史角色唯一可靠的資訊來源；我們會簡短地探討將聖經視為「後述記敘」的這個議題，並且進一步概述道德價值在宇宙運作中的中心性，因為這些價值衍生自上帝的基本特性。

在看基督徒的世界觀時，有幾個關鍵的想法十分明顯。聖經敘述的中心主角就是耶穌基督這個人。重點在祂拯救世界遠離邪惡力量這個角色，以及用以達成這個目標的原則。他給每個人力量去接受祂永恆的價值，而這價值可以促進一個信徒的和平社會。

可預見的世界觀與社會類型
1 基督徒的世界觀

> **鑰節** 創世記3：15
> **問題** 聖經是否呈現一致的世界觀？

回答：此處引用的經文並非最容易分析的經文，但是它在短短幾句中就呈現出原本上帝所給的世界觀（**基督信仰原型**）；它精簡地陳述，那些追隨撒但哲學的人，與那些遵守上帝啟示旨意的人，兩者之間會有利益衝突。撒但的追隨者被稱以「出於你們的父魔鬼」（約翰福音8：44），因為上帝在對撒但說話。基督被稱為女人的「你那一個子孫」（加拉太書3：16、19），因為祂由女人（馬利亞）所生，並且是捲入這場衝突中極顯著的一個。預言宣稱基督會「挫傷」或粉碎撒但的頭，但是撒但卻只能「傷」基督的腳跟（約翰福音20：25）；這段經文指出基督所高舉的真理終究會勝利，邪惡則注定失敗。

　　這裡所說的智力鬥爭，事實上開始於天堂，而撒但被趕出天堂（啟示錄12：7-9）；基督藉由祂在十字架上的犧牲在世上擊敗了撒但（約翰福音12：31；希伯來書2：14），而且他的力量現在受到限制（約翰福音16：33）。撒但終究會被消滅（啟示錄20：10），只有在公義的利益可以白白給予，並且完全統治時才可能有和平。基督回應人類對意義的渴望，他進入歷史以擊敗並消除罪惡，透過如此來回復上帝完整的創造。[294]

2 混亂乃是闖入者

> **鑰節** 啟示錄12：7-9
> **問題** 邪惡的知識如何進入到人類中？

　　回答： 撒但又稱路錫甫，原本是天堂中一位大天使（以賽亞書14：12-14），他想要與上帝平等，為了達到這個目的，他在天堂中播下了不信任的種子，並且帶領三分之一的天使認同他的觀點。他被逐出天堂，但是仍然可以進入新創造的世界中。人類受到警告：上帝在伊甸園中只對他們頒布了一條禁令，以測試他們的信仰；這個限制就是要避開善惡樹，因為這是撒但唯一被允許誘惑人性之處。人類被賦予選擇的權力，因為上帝不希望創造出如機器般行動的人類；亞當與夏娃在信靠上帝話語這測試中失敗，於是有了惡的知識；他們從完美的狀態中墜落，因此需要一位救主。他們終究會死

亡，那是罪的後果（創世記3：2、3、19；羅馬書6：23）。

❸ 社會受邀要信靠造物主

> **鑰節** 馬可福音12：29
> **問題** 1.聖經中呈現的上帝是一個神還是多個？

回答： 這是耶穌引自舊約聖經中一句明確的句子，這句話告訴我們，上帝是獨一的主。基督徒不崇拜多個神祇，神格（聖父、聖子與聖靈）不論在目的、力量與性格上都為一；基督被視為具有神格，宇宙與我們世界的創造都透過祂才能真正實現（約翰福音1：1－4、14）。這個神格的所有其他部分都在造物時就已呈現（創世記1：1、2；約翰福音1：1－3）。

在基督徒的世界觀中，上帝與祂的創造物不同；祂不像泛神論所教導，是自然的一部分（詩篇90：2－4）；同時，上帝又密切地涉入其創造中，在宇宙中顯示出持續的創造性活動。上帝不是遙遠而疏離的（歌羅西書1：15－17，希伯來書1：2、3）。

> **鑰節** 約翰福音3：16
> **問題** 2.造物主是否有承諾要拯救人類？

回答：上帝一開始就宣布，採用撒但哲學的最後結果就是永遠的死亡，但是祂也提供了這個問題的解決方式；為了拯救罪人免於永恆的死亡，基督為所有人死過，義的代替不義的（彼得前書3：18）。這個好消息，或說福音，並非是在基督生於人世之後才來到這個世界，在祂來之前，人們就憑信心期待祂的救贖；自從十字架後，人們憑信心回顧十字架（希伯來書4：2）。所有憑信心接受上帝的賜予，並且持續這經歷的人，都被視為上帝國度的後嗣（羅馬書8：16－18）。

鑰節 路加福音23：39－43；約翰福音3：18、19
問題 3.一個人要如何得到所承諾的救贖？

回答：建議很簡單，信靠上帝的應許，並且相信你需要幫助才能改變你的人生，然後憑信心請求赦免與幫助，以活出改變的生活；就像與基督同時被釘上十字架的犯人一樣，永生的承諾也會給你。在這幾節經文中所描述耶穌同在的經驗，是一種整個人生都會持續的經驗（加拉太書2：20）。發展個人與上帝的關係，會改變我們的生活（以弗所書3：17－21）；這個關係含有智識上和情緒上的要素（羅馬書15：13；彼得前書1：16－21）。好的行為會隨著真誠接受基督的救贖而來，因此，展現真誠的信心正在信徒心中運行（希伯來書10：38、39；雅各書2：15－22）。救贖會在基督第二次降臨時實現（帖撒羅尼迦前書4：13－18）。

４ 所有人類都有尊嚴並且會得救

回答：人類有尊嚴是因為我們的祖先亞當與夏娃，是按照上帝的形像所創造，並且能夠與祂溝通。我們有共同的祖先，因此所有人在上帝面前平等，也因為這項事實，所有人才能平等，一起敬拜上帝（出埃及記20：10）。因為我們的平等，上帝也提供救贖給所有人（約翰福音3：16）；這再一次宣稱了所有人在祂眼中都是平等的，每個人都有無窮的價值。這與自然演化理論的觀點相對，演化論並未給予人類固有的尊嚴，因為它假設人類是由於機率而從較低等的生物型態演化而來。[295]

回答：那些接受基督並且持續與祂有個人體驗的人，被視為上帝國度的後嗣。基督讓我們勝過撒但的試探又不讓他否認我們為天國國民的企圖得逞，因為如此，我們應當感謝上帝，「使我們藉著我們的主耶穌基督得勝」（哥林多前書15：57）。

被接納的價值觀

5 聖經本身（惟獨聖經）是神所啟示的信息的來源

> **鑰節** 提摩太後書3：16
> **問題** 有關上帝對人類的計畫之知識，從何處得知？

回答： 整本聖經都是給我們指示與益處的，因為它引導我們去看見其中心人物耶穌基督所有的美德（約翰福音5：39）。每個人的計畫與哲學必須受到聖經的考驗（以賽亞書8：20）；前面幾代或偉大的宗教領袖所傳承下來的傳統，若不與上帝給予人類、關於歷史中基督之道路與事工的話語相符，就沒有任何價值。耶穌明顯責備那些在祂的時代，想改變祂國度單純原則的人；他說：「你們為甚麼因著你們的遺傳，犯上帝的誡命呢？」（馬太福音15：3）

很不幸地，基督教會採用了許多與東方宗教（那些與耶穌所揭發的權勢有所聯繫的宗教）相關的作法。各種類別的歷史學家一致相信這個觀點。[296]非啟示論被基督教化，並且由教會遇餘予以「神聖化」以便吸引其他哲學的信仰者；[297]這些作法不是根據上帝的計畫而行。

6 絕對的道德指導方針

> **鑰節** 出埃及記20：1；31：18

問題 1.道德規範是如何為人類所得知？

回答：道德規範如此重要，以致於上帝，在耶穌基督裡面（雅各書4：12）講到道德規範，並且在石板上寫下大綱原則。這規範顯示出上帝的旨意與其用以戰勝邪惡力量之原則（詩篇40：8）。使徒約翰更進一步闡明，整個宇宙都倚賴十誡所表達之上帝的愛（agape love）這一原則而運行（約翰一書4：7－11）。這個規範以實際的用詞告訴我們，生命中重要的關係如何受到保護，前四條規範講的是我們與上帝的關係，剩下六條則是論到我們與人類的關係。**298**

愛的規範（馬太福音22：36－40）比寬容更加優越許多，寬容是後現代運動與某些其他宗教運動的中心思想（例如佛教），也是其他哲學在現在這個時代所能盡的最大努力，但其不足之處可參考一個現代的例子來評估。寬容但分裂的塞浦路斯人，十分不贊同他們繼續在此一原則運作之下生存，他們想要更好的情況。**299**

鑰節 申命記10：12；馬太福音22：36－38

問題 2.道德規範告訴我們什麼關於我們對於上帝的責任？

回答：將上帝放在我們生活中的首要位置，在祂對我們的愛的光照下是唯一合適的回應；祂呼召我們回應，因為上帝比所有創造物與無生命的物體更加偉大。祂為我們死亡以換取我們的救贖。憑

信心接受這個救贖是祂所願，拒絕這個救贖就是褻瀆祂的名（出埃及記20：7；希伯來書12：16）。當我們接受一位「慈愛上帝」這個觀念時，我們就全然委身於祂並成為祂的使者（太25：14、19－21）。

> **鑰節** 哥林多後書5：14、15；歌羅西書3：19
> **問題** 3.天國的道德規範是否維護我們與鄰人及配偶的和諧關係？

回答：所有人都該受到平等與愛的對待，因為上帝關心所有人（申命記10：17－19）。他人的聲譽是我們關切的問題（出埃及記20：16），我們隨時都要正直地行事（13、14節），愛我們所有的鄰居，這表示忌妒不存在於我們心中（17節）。

道德規範指出，我們有家庭責任，我們被要求要如同一家人在第七日安息日敬拜耶穌基督，我們的造物主、救世主與重建者，並加入較大的信仰團體（10節）；這一天，我們會在讚美中感謝上帝的恩賜（申命記10：21）。基督徒無法為自己而活；這在家庭中尤其顯著（哥林多後書5：15），在此處配偶間的關係受到愛的指引（哥林多前書13章；歌羅西書3：19），而這個原則也可以延伸到更寬廣的家族團體（出埃及記20：12）。

政教分離
7 忠誠的公民

鑰節 哥林多前書4：2
問題 如果我們接受聖經關於基督的世界觀，身為天國的國民，如何回應上帝與地面上的世俗權威才合適？

回答：若我們以人類語言的詞彙來說，一個僕人的價值與他或她的忠誠有關。耶穌說過一個著名的比喻，關於真正的僕人應該有的行為（馬太福音24：45－51）；他們會忙於他們的工作，並且與所有人維持和平的關係。忠實的僕人聽話、勤勉，在他們與他人的關係中反應上帝的特質。

作為上帝的忠誠子民，我們會服從地面上的世俗權威，只要這不與上帝啟示的旨意相悖（使徒行傳5：29；羅馬書13：3）。早期基督教會的純潔，部分是因政教分離；一旦政治進入教會中，康士坦丁大帝推廣了基督教，教會中充滿了不誠懇的信徒；而且康士坦丁「視基督教為一個世界的權勢……並以此行事」，而這種自我本位的大兇手稱不上是基督徒。[300]

使徒們教導要政教分離，因為他們宣稱對皇帝與神的責任是分開的（使徒行傳4：17－20），耶穌顯然同意這種分離的必要性（馬太福音4：8－10），可惜這個建議並未被採用，有些政府成為強化基督教思想的工具。[301]

8 基督的使者：生命有目的

> 鑰節 哥林多後書5：20
> 問題 1.我們被要求與他人分享什麼觀念？如何分享？

回答：上帝給了我們一個任務，就是與他人分享祂提供救贖的福音（馬太福音28：19、20），並且要求我們告訴他們，整個創造都會被基督回復（哥林多前書15：12-28）；這給了我們人生一個清楚的目標。基督徒的觀點與那些沉浸於進化論之人的觀點顯然相反，既然演化過程並非經過計畫，就沒有所謂的目的，也缺少開始與明確的結束點；那些相信進化理論的人，將宇宙為何存在這個問題，視為人類想像力的終極挑戰。[302]

門徒在解釋上帝給人類的目標後，應該要使用說服而非暴力（馬太福音5：9），門徒不需要國家或是私人軍隊的幫助，他們應該是上帝的愛的管道而非恨的管道。基督教信仰中心的結合力量，正是agape的愛（上帝之愛），僅僅容忍是不夠的（加拉太書5：22、23）；是態度上的改變使基督徒與他人不同。

> 鑰節 詩篇89：14
> 問題 2.身為使者，我們在驅除恐懼與減輕人們絕望的感覺上，可以給些什麼保證？

回答：恩典（無私的好意或上帝的愛（agaping love））和公義是兼容並蓄的，這由基督為整個世界的罪，死在十字架上顯示出來；上帝的律法所要求之懲罰（死亡懲罰不遵守律法）已支付了，現在人類的拯救已經確定了。上帝的愛擺在人類面前讓人類做決定：若我們接受，我們就該完全奉獻給上帝；若我們拒絕，就會成為對那些選擇自私而非選擇無私之愛的人的審判；這種上帝的愛成為那些拒絕它的人之審判。[303]

與上帝的愛相連能除去我們的恐懼（約翰一書4：18），上帝這個治理原則，奠基在愛之上（馬太福音22：36－40）；祂提供的恩典就是無條件地付出愛，因為祂的品德最能由愛這一原則所表達（約翰福音3：16；約翰一書4：8）。無怪乎這樣的愛與和平，是此一哲學之重心，這樣的觀點改變了我們對生命的看法（加拉太書5：22、23）。

基督徒是樂觀的
9 樂觀的觀點

> 鑰節 羅馬書8章35－39節
> 問題 1.基督徒的世界觀是否有給未來任何希望？

回答：我們對未來愉快的希望，奠基於上帝的愛（agape love）這個統合的原則之上，在上帝統治下它流轉在每個層面。這個愛已經

戰勝邪惡的力量，能夠使整個創造得以復原。這並非代表我們的生活會是個舒適快樂的生活，而是當困難興起時，還有希望；這樣的盼望生動地顯示在一份俄羅斯基督徒的研究中，他們在第二次世界大戰時期一起生活，那些在崇拜、歌唱與禱告呈現出較樂觀的人，與那些看起來比較悲觀的人，有著很大的不同。從他們的話語中判斷出來，越樂觀的團體，已準備好為自己的困境做努力，比起那些沉浸在絕望中面對外在困境的悲觀者，他們比較不會顯得無助。[304]若正確理解，基督徒信仰要求要充滿盼望，以喜樂和感謝的心來回應。這個希望是以耶穌基督為中心。

鑰節 阿摩司書3：7

問題 2.基督徒何以如此樂觀？

回答：祕訣就是上帝已讓我們知道，祂有個時間表以解決罪在這個世界所造成的問題；在但以理與啟示錄的預言中有給我們主要的里程碑；而且基督降臨為眾人而死這重大的事件已完成，基督徒可以每天經歷基督的拯救力量；而那些否認上帝所留證據的人，就會悲觀。

第三部

心靈健康

THIRD

「如今常存的有信，有望，有愛；

這三樣，其中最大的是愛」

哥林多前書13：13

「你們得救是本乎恩，也因著信。

這並不是出於自己，乃是上帝所賜的。」

以弗所書2：8

「我知道我向你們所懷的意念，是賜平安的意念，

不是降災禍的意念，要叫你們末後有指望。」

耶利米書29：11

「人為朋友捨命，人的愛心沒有比這個大的。」

約翰福音15：13

「上帝的糧，就是那從天上降下來賜生命給世界的。」

約翰福音6：33

活躍的信仰

我們稱之為信仰的心理作用，是需要去體驗才能全然理解的。日常生活中我們傾向使用含糊的辭彙，但事實上我們最好使用有信心的字彙。我們相信太陽會升起、落下，我們有信心可以浮在水面上，相信樹木會給我們庇蔭；這些期待，或說這些信仰，都奠基在先前的經驗上，並且可以透過我們對物理與化學法則的知識，來加以強化。

當我們在社會領域中建立起堅固的經驗後，我們會很實際地談論到對人與事件的信仰。親近的朋友做出承諾時，我們相信他們會信守承諾；與醫生或是牙醫訂下約診時，我們會期待在候診室聽到叫我們的名字；安排了一個全國性的體育賽事，我們預期所有的運動員，會在所定的日子進入運動場中。這些希望有時候會因為意外的事件或是人為的疏失而受到挫敗，我們的信仰就建立在對這些人的了解，或是倚靠他們的專業能力上。在我們進入到較少涉足的領域中，面對陌生的人士，我們也許會多點警惕，對他們的承諾不放下太多的信心。在這些範例中，個人理性的力量佔了上風。

在基督徒的領域中，我們將注意力專注在耶穌基督這個人身上。我們對祂的信心並非完全與理性分開，因為這奠基在歷史、自然與人類經驗等證據上；理性不單純是科學領域，在宗教上也是鼓勵理性的；[305]如果我們調查耶穌在歷史上的位置，其真實性並沒有什麼重大疑問。記得就在幾年前祂還獲選為千禧年人物，可見這是廣為世人接受的事實。[306]其他的理由包括人類在自然界中看到造物主的設計軌跡，豐富的美景、複雜的設計和生化過程，都使他們獲得此一結論；他們也很容易就能將科學發現（與科學推測相對）作為上帝存在的附加證據。[307]根據我們可以看到和推理的證據，我們要說相信關於耶穌的歷史事實是相當容易，接受祂就是宇宙的創造者則較為困難，要超越這一點則更加困難；這就是要靠信仰來幫助我們的地方。在這一點上，我們不能忘記，在科學領域或在宗教領域一樣需要信心。

在宗教領域中（基督教），當我們對上帝完全的信任時，我們講到要有信仰，顯然，這樣的人已經越過了證據或信條。我們也許可以將這樣的經驗比擬為年輕人發展一段關係要走入婚姻。這些人必然會聽到另一人的人生經歷，並且根據個人觀察與他們對別人的反應來了解他們的品德，而接受這些資訊，然後才開始相信兩人都是真誠的，以及他們所見到的特質都十分令人讚賞；而他們的朋友與家人如果也有同樣的評論時，這樣的結論將會獲得加強。

在這過程的最後，他們會樂意委身將自己的人生交託給彼此，直到死亡使他們分離為止；他們無法明確看清未來，但是他們信任自己所觀察到的人格特質，能帶領他們度過不論好壞的時光。這些特質包含仁慈、理性、甚至是脾氣、樂觀的態度與可靠性。這些特質造就出一個以愛為原則而行動的人。見過這種愛的證據，我們可以信任伴侶未來可能會有的表現；基督徒的經驗也同樣如此。

對耶穌基督的信仰，建立在祂犧牲自己的性命，為了拯救人類這個無私的愛之舉動上。它所帶來的相關想法，就是祂再次來拯救那些信靠祂的人，讓他們能與祂一起生活在天國中，居住在一個沒有疾病、痛苦、災難與死亡的新世界裡。信仰也承認我們無法拯救自己，因為我們只是個會死亡的凡人。

不可否認，耶穌出生，死亡都在羅馬統治者的手中，而他所教導的哲學充滿著無私的愛。[308]許多人關切耶穌的神性，以及他被釘上十字架後是否復活等問題；若我們接受聖經精確地紀錄整個歷史事件，並且看耶穌敵人對他復活消息的反應，我們可以舉出一些十分具體的論據，來支持祂確是從死裡復活的主張。[309]讓我們接受並且理解，耶穌殘酷地死在十字架上，是為了拯救我們個人免於永死。對人類而言，沒有什麼犧牲的舉動會比為別人付出生命更偉大的；[310]對這項生命恩賜唯一可能的回應，就是將我們的生命毫無保留地奉獻給祂，並延續這樣的委身。

接受基督所展現奇妙的愛後，我們就可以進一步接受祂的宣講。祂聲稱可以用非凡的方式改變我們的生活；那些嘗過這些活水的人，知道他們憑信心祈求時，所求必然會得到回應；當他們承認有罪，他們就擁有平安；而當他們禱告祈求抵抗試探的力量，他們就會獲得。這樣的信任被帶入每一天的生活中，以幫助我們面對生活裏的困難。問那些行過此路的人們，他們會告訴你這不是個幻象，而是真實的經驗；[311]這就是我們所謂的信仰，因為它超越了證據。他們相信上帝的應許，並且宣告這些應許。

聖經觀點

聆聽與閱讀上帝的話語，可以鼓勵信仰。這種智識的練習，提供了許多人關於基督所宣告得自預言並令人信服的真實證據，同時也提供了與生活經驗相關的良好建議。另外有些人則視造物主創造世界的事件，比起透過機率解釋的演化論，更令人信服。最後還有一種人則認為提供這重要盼望並從墮落的生活中得解脫，乃是唯一重要的論點。

基督教信仰的本質
1 相信上帝

鑰節 羅馬書1：20

問題 1.是否有證據支持上帝就存在於我們所在的這個世界中？

回答：宇宙與單細胞演化過程的複雜性，就挑戰了這順序的出現僅僅只是透過機率而來的這種說法。對那些主張起源取決於倖存者的特性是否有用途的人而言，那相對於醜陋的華麗的確是一個謎題，更何況還有其他問題有待解答：人類的道德意識來自哪裡？我們如何解釋宗教經驗以及對崇拜的渴望？[312]

> 鑰節 彼得後書1：16、17
>
> 問題 2.是否有見證人的敘述，能證實基督宣稱自己為上帝之子的說法？

回答：使徒彼得是耶穌所收的第一個門徒（馬太福音4：18），他一輩子都是耶穌親近的友人，耶穌在客西馬尼花園時他與耶穌同在，耶穌受審期間他大部分都與耶穌同在，他也是第一個到達墳墓的門徒之一（路加福音24：12）；他見過復活的主（約翰福音21：1、15），因此可以肯定地說他是耶穌一生的見證人。就是這種信念帶領他接受釘十字架的殉道（約翰福音21：18、19）。事實上，基督徒對主的信服帶領所有的門徒走向殉道，除了約翰，據說他是被放入滾油中，但是存活下來，並且繼續生活直到自然死亡。[313]無數的基督徒都樂意為他們的信仰而死。[314]

基督門徒投入無比的努力到其他國家分享他們的信仰；最具懷疑心的門徒是多馬（約翰福音20：25、27－29），但是據說他在印度宣

揚過福音，[315]甚至今天當地還有聖多馬基督徒在那裏崇拜。耶穌宣稱，去相信親眼目睹的事件是容易的，這是不證自明的真理；但祂更讚揚未來那些藉著祂神性的歷史證據與其他證據就相信的人（約翰福音20：29）。

> 鑰節 彼得後書1：19－21
> 問題 有什麼證據說明聖經中有關耶穌的預言是可以信靠的？

回答：聖經中找到數百個陳述與基督的出生、生平與死亡有關；[316]死海卷軸很具說服力地闡釋，聖經中某些預言在預示事件發生前就已廣為人知。[317]預言的實現已經由作者們在聖經中詳細闡述，並且使人接受聖經記錄的可信度；使徒們在耶穌死而復活後所訴求的就是這個證據（參照使徒行傳3：18、10：43、13：29）。想要推翻這些證據的嘗試有很多，但是若我們參考61項與耶穌有關的主要預言，並且計算其能夠完全實現的可能性，這機率實在很驚人；[318]一個人會因此有強烈的感覺，拒絕這樣的證據是毫無道理的。

② 聖經被認為是上帝的話語──信仰來自文字

> 鑰節 羅馬書10：17
> 問題 1.每一個人心中的信仰種子，如何受到灌溉？

回答：即使是最追求名利的人也不能忽視預言。瑪代波斯的統治者塞魯士一定曾經感到迷惑，他的勝利早在事件發生150年前就寫在聖經上了（以賽亞書45：1-3），這只是聖經中很多已實現預言之一。死海卷軸讓我們確信，這些預言早在事件發生之前就已存在，因為以賽亞書就存在於這些卷軸當中。死海卷軸的內容，與舊約聖經希伯來文版（馬所拉本）的內容十分接近，這些卷軸於1947年發現，顯示出曾有一個猶太族群，在西元前150年到西元70年間，住在叫做庫蘭的這個地方；此區域發現了舊約聖經除了以斯帖記以外每一本書的片段。在這些片段之外，我們還有大約於西元前250年寫成的七十賢士譯本聖經，這個版本以希臘文寫成，再次肯定古老起源的舊約聖經，已經被精確地流傳下來；這表示我們今天所讀到段落的意義，並沒有隨著時間而改變。[319]

對那些尋求信仰問題解答的人們影響最大的預言，應該就是預測耶穌的洗禮與死亡之預言（但以理書9：24-26），這個預言延伸了70週（70X7=490預言日或年）[320]，並且開始於西元前457年（以斯拉記7：7-16），亞達薛西王在其統治的第七年（開始於西元465年）[321]，頒布命令重建耶路撒冷城為行政中心。預言耶穌洗禮的時間從這個起始點開始，是第69週或483年，這讓我們計算出西元27、28年，凱撒提比留統治期間；[322]在該週剩下日子的中間（3.5年後），耶穌被釘上十字架處死，這是在西元31年。這個寓言使許多人相信耶穌宣言的真實性。如果我們將其他預言實現的重要性加進來，這個證據就顯得特

別重要。使徒彼得引導我們去學習預言（彼得後書1：19－21），做為肯定我們信仰的方式之一。我將此一方式建議給所有的讀者。

> **鑰節** 希伯來書4：2
> **問題** 2.聖經內有什麼證據是我們可以引證以顯明聖經的確給予了一個一致的世界觀？

回答： 使徒保羅採取這個論點，那是在聖經中可以追溯到的一條論據線路。這裡我選一節經文來闡述一個一致性的世界觀，它告訴我們福音，也就是救贖的好消息，在耶穌基督來臨前好幾百年就已經開始傳佈；事實上若我們擴大調查，會發現這福音早就在以色列人受上帝領導逃離埃及為奴之地時就已經給了他們（希伯來書3：16－19）。使徒保羅接著延伸我們的心智，帶我們回溯到更古老的年代，肯定從人類歷史開始，就被要求要有信仰才能夠經歷拯救（希伯來書11章）。事實上，聖經將上帝同意拯救人類的約定稱為「永遠的福音」（啟示錄14：6），這是聖經的中心信息，並且幾乎可說從聖經第一卷到最後一卷都找得到（創世記3：15；啟示錄22：17）。

> **鑰節** 希伯來書11：31
> **問題** 3.是否有關於人們接觸基督教教義後，生活被改變的著名故事？

　　回答：這裡的經文，紀錄了妓女信主這種看似不太可能發生的故事。她對到她國家的以色列間諜表現出仁慈，並要求當他們最終入侵時恩待她的家人。她觀察到猶太社會運作方式又看到上帝領導的證據，無疑受到了鼓舞（約書亞記2：1－24）。她與那些虔誠的人並列於聖經中這個事實，告訴我們她的生活有了顯著的改變。

3 理解上帝的特性

> **鑰節** 約翰福音3：16；約翰一書4：8、9
>
> **問題** 1.上帝哪一方面的品德可以從基督的生平展現出來？哪一個原則影響了基督教的哲學？

　　回答：無條件的愛是這幾節經文傳達給我們的特色，這也是這個世界所理解耶穌的生平與事工中最傑出的部分。[323]愛是編織在整個基督教教義中那條連續的金線，因為這個教義是建立在那透過耶穌的生活與傳道所顯示出的上帝品德上。我們來簡單思考一下這個證據。

　　基督在十字架上的犧牲是無私的愛之舉動（約翰福音3：16）；更進一步來說，這上帝正義行為所展現的愛，也就是祂的仁慈，是可以與公義的理想相容的（詩篇89：14）。而基督教所提倡的道德價值，就是倡導無私的愛這個原則（馬太福音22：36－40），基督所顯現出無

私的愛，促使祂的信徒願意生活在對祂毫不縮減的奉獻之中，這種承諾顯示在將祂的愛傳給其他人（哥林多後書5：14、15），而此一無私的愛，就是將基督教哲學凝聚在一起的黏膠，也是鼓舞那些承諾過這種生活方式的人的重要原則。與基督有持續關係的基督徒，會發展出所有令人嚮往的特質——仁愛、喜樂、和平、忍耐、恩慈、良善、信實、溫柔、節制（加拉太書5：22、23）。對這種愛持否定的態度，是用來反對基督教的最大論點，但我們絕不能將有些人所展示出來的劣質品與真誠的愛混為一談。

> **鑰節** 路加福音23：4
>
> **問題** 2.羅馬人對耶穌的品格有什麼論點？

回答： 羅馬統治者龐提斯彼拉多是個經驗豐富的政客，為了回應猶太人對耶穌的多項指控，包括反對凱撒的假想的罪，彼拉多宣布：「我查不出這人有什麼罪來。」（路加福音23：4）。耶穌過著正直的一生，這是不可污蔑的。

與這同樣的公義行為，也可見於耶穌的追隨者身上，因為他們認真地看待祂的教義。歷史紀錄說異教徒統治者普林尼告訴皇帝「他們習於在破曉前聚會，輪流吟唱一首對基督的讚美歌，好像對神一樣，然後透過誓約將眾人繫在一起，不是為了犯罪，而是要棄絕偷竊、搶劫、通姦與違背信仰等事，並且對宣誓過的保證不會加

以否認。」基督徒行事以非暴力的方式而著名，[324]在接下來的幾世
紀中基督教信仰因為採用了其他哲學的想法，而使基督的作法模糊
了，於是利劍取代了言語，因而敗壞了基督的名聲。現在仍然有些
人宣稱是基督的追隨者，但作侵略者卻毫不猶疑，他們是在敗壞基
督的名聲。

4 接受我們身為人類的狀況－我們不能拯救自己

> 鑰節 約翰福音18：38
> 問題 1.真相是否能透過人類的推理而推衍出來？

回答：「真相為何？」這個問題是每個時期、每一代人都會提
出的問題。耶穌以自己的見證向彼拉多肯定真相可以在理解基督的
使命中找到（37節）。這個使命無非就是拯救人類，因為在他們充滿
罪惡的情況下，永死是唯一可能的後果（羅馬書6：23）。現代科學努
力尋找永生不死的答案，這個事實告訴我們人類整體而言，都為自
己會死亡感到悲哀，並且想要改善。

> 鑰節 雅各書2：10
> 問題 2.稱為罪惡感的情緒是什麼？

回答：罪惡感是一種心理層面的感受，它反應出我們未能達到

家庭、社會或是文化標準；我們會教導孩子這些標準。[325]此處引用的經文告訴我們，以上帝的話來說，罪是按著一個標準來評判的，這個標準以上帝的觀點看來，是不變而絕對的道德規範，這可以在十誡中找到（出埃及記20：1－17）。意義重大的是：這個規範現在就座落於上帝在天上的居所（在「約櫃」中，裏面有上帝寫在石板上的十誡－出埃及記34：28、29），並且被視為直到末世的道德標準（啟示錄11：19），這些誡律真正代表了上帝對人類的旨意（詩篇40：8）。

　　聖經談到罪惡感還有另一層意義，就是所有的人都生而需要救贖，因為我們生而有罪（羅馬書3章23節）。

5 信靠上帝的救贖

> 鑰節 羅馬書6：1－3、6－8
> 問題 1.當我們開始理解上帝之事以及祂的行為標準，該有什麼回應？

　　回答：當我們學習到行動的愛是什麼樣子，並且想到耶穌為我們個人而死，會有一種罪惡感又急切需要解脫的感覺。此處引用的經文告訴我們，當我們懺悔並且接受基督無條件賜下的救贖，就能從自己的罪惡感中解脫，並且在上帝的眼中被稱為義（參考約翰一書1：9），這是個絕佳的消息！

鑰節 羅馬書6：4、8—14

問題 2.信靠上帝的人，其思考會發生什麼樣的轉變？

回答：這幾節經文告訴人們，信徒會將那些被視為上帝品德層面的價值內化。我們希望與上帝同步，並過著與先前顯著不同的生活；上帝應許在生活上幫助我們，給我們力量，以便我們可以過得更豐富（**約翰福音10：10**）。這個明確的保障就是，祂不會允許我們受到超過自己能抗拒的試探，祂會「開一條出路」（**哥林多前書10：13**）。為了獲得這個應許，我們必須練習信靠，並且在受試煉時宣告這個應許。

基督教信仰的真相

6 行為與信心

鑰節 雅各書2：14—17、20

問題 1.我們能否有信仰卻沒有隨之而來一致的行為？

回答：使徒雅各直率地告訴我們，沒有結果子的信仰就不是真正的信仰。他透過先前經文中的一小段討論，來解釋為何如此（**14—19節**），答案很簡單：就是單只有信仰是不夠的，我們一定要完全信靠上帝，而這種降服可以讓我們的生活產生改變（**哥林多前書10：13**）。當我們信靠上帝時，那種思想會改變了我們的生活。生活並

不會因為相信無神論而變得比較好。各式各樣的人可以作證說明上帝使他們的生命更好。一個人在信主時所歷經的主觀經驗,可以在「勇氣、信仰、希望、喜樂與耐心」等現象中看到,[326]而客觀的證據則可以在言語、行為、以及與他人互動的改變上看到。這正是許多人戒絕菸毒、反社會或是自私的行為,轉而喜愛單純的生活和以群體為導向的行為。

> 鑰節 馬可福音11:22
> 問題 2.信仰本身是否具有拯救的功勞?

回答:信靠上帝是耶穌要我們看重的重要思想,我們沒有功勞可以提供給上帝(希伯來書11:6)。稱之為信心的心理架構本身並沒有拯救的力量;我們只能宣告基督的功勞,祂會將這些拯救的功勞賜給我們。[327]

7 僭越

> 鑰節 使徒行傳5:1-4
> 問題 1.那些有信仰的人與行為僭越的人,有什麼共通之處?

回答:我們故事的背景,是基督徒賣了其田產房屋,以幫助較不富有的同胞(使徒行傳4:34、35)。為了表現慷慨,與信徒關係良好

並得到上帝的賜福，亞拿尼亞與撒非喇想以欺瞞的方式使自己看起來特別慷慨。我們從這個例子中注意到，真正的信徒與行為僭越的信徒，都需要上帝的應許。

> **鑰節** 馬太福音4：5、6
> **問題** 2.信仰與僭越最重要的不同為何？

回答：撒但是根據假設情況來試探耶穌，他所引用的應許是從詩篇91篇而來，這個應許只給與那些完全信任上帝，並且不找麻煩的人（**詩篇91：14、15**）。信靠上帝，表示我們也會認真看待祂顯示的旨意，並且願意去遵守（**申命記10：12、13；傳道書12：13、14**）。僭越的個人不會服從上帝，或是選擇性的服從；這與有信仰的人對上帝所啟示的旨意都完全服從，是強烈的對比。

信仰與僭越的不同，可以藉由參考普魯士腓特烈大帝的一個有趣故事加以闡釋，他本想建造一個30呎高的噴泉，就問數學家尤拉，請尤拉告訴他要如何建造這個奇觀，因為之前並沒有辦法完成。尤拉適當地思考過這個問題，並提出他的見解，但是國王決定採取捷徑；不令人驚訝，噴泉沒有達到原先的期望，國王將這個失敗怪罪到我們傑出的數學家。

250年後的現在，尤拉因為給了正確的建議而洗刷罪名。[328]國

王在無法依從尤拉所提出的計畫後，多麼渴望能取回他已給予的獎金；同樣地，當我們全心全意跟隨上帝為我們所定的旨意，上帝的應許就給我們了。

活潑的盼望

　　人類歷史出現一些想要出人頭地的人的事蹟，乃是因為他們希望有更好的未來，而這樣的希望使他們熱血沸騰，有些人甚至為了這個目標而犧牲自己的生命。我們會想到許多展現偉大人格力量的人，他們在阻止某些剝削人類的事上扮演了關鍵角色；英國的威廉韋伯福斯，就是廢除奴隸上的一股強大力量；尼爾森曼德拉則是南非廢除種族隔離的中心角色。當曼德拉因為他是反種族隔離運動的角色，被判終身監禁時，他無法理解這項關在羅賓島監獄的判決，應該被視為幸運，或是被視為即將給他自由之判決。他所希望的自由不是那種在島上堡壘可以到處行走，看看海洋和天空的自由；他與其他志趣相同的囚犯交談時，大家的想法就更加強烈；曼德拉開始相信他的監禁不會持續到終身。有了這樣持久的希望，他可以感覺到腳下草的成長，並且會去想像自由人的生活。[329]

　　這世界已經有過許多宗教與政治領袖來來去去，冀求一個和平、正義、合作與平等能彰顯，而且人類的創造力可以完全發揮的理想世界。對地球上烏托邦的想法，由蘇聯的共產主義拔得頭籌，但是它卻無法傳達和平、正義或平等。[330]有些人還願意夢想或訴諸恐怖以求達成其理想，正如那仍然鮮明在我們腦海中的911事件；但是有什麼團體會將希望放在一個人身上：祂曾經住在他們當中，又因為人類的罪而死在不信的人手中。祂已從墳墓中復活，並將永

生賜給那些信祂的人？這正是我們的上帝所做的，復活的基督是我們活潑盼望的緣由，因為祂是活的。

盼望的層面

盼望這個概念具有兩個補充性的想法，第一個是所呈現的未來是值得嚮往的，第二就是這個願景有實現的可能。

有許多很好的榜樣，是關於那些為值得嚮往之結果而激起熱情的人；也許我們最為熟悉的，就是運動員為了達到未來的榮耀而努力投入訓練。這種渴望的力量是無庸置疑的，因為有些人會犧牲健康與生活來追求它。著名的希臘運動員亞里瓊的故事就是一個很好的例子。為了希望被尊崇到神的地位，他拼死擊敗對手，就是為了在他的墓誌銘上能寫著：「他在奧運中從未被擊敗過」。接受早逝以交換榮耀的盼望，這種想法今天仍然存在。某些運動員對藥物的使用與濫用，甚至是在完全知道其可能有副作用的情況下還這麼做，就證實了這項事實。[331]從這些例子中我們可以很清楚看到，對成功的期望與希望之間有著很直接的關係，對成功的高度期待能引起熱烈的希望。

基督徒盼望的本質

基督徒盼望的特色與對現在與未來的其他願景有許多共同處，你可以在我們接下去的內容中，做出比較。

❶ 與耶穌有個人交往的自由——基督徒的盼望

> 鑰節 啟示錄21：3、4
>
> 問題 聖經是否有說到世界秩序的改變，以及能自由與上帝交往？

回答：好消息是：上帝會與得救之人同住。與拯救我們的主交往，將是最愉悅的經驗。事實上這會重新建立起上帝從創造世界時就計畫好的情況（創世記3：8－10），祂一向希望與人類維持親密的個人關係，但這暫時受到罪進入世界而打亂。

這個未來世界的一個好處就是：所有造成我們悲傷痛苦的事情，在上帝的新世界中都不存在。懷疑論者以及所謂的宗教人士，嘲笑說上帝什麼也沒做或無法改變事情，這種聲音將會沉默；上帝也沒有如某些人所宣稱的表現出邪惡的行為。[332]祂有個救贖的日程表，根據祂的時間來運作。「愛」無法藉著不公與邪惡的手段來勝利，一定憑著功勞來得勝，證據幾近齊全。

❷ 免於試探的自由——基督徒的盼望

> 鑰節 雅各書1：14
>
> 問題 1.試探的本質為何？

回答：當我們被引誘去買奢華的物品時，我們清楚理解到自己是被「擁有與享受」該物件這個想法所吸引。在心靈生活中，基本上也是一種類似的過程，但是有個重要的不同：基督徒有個行為規範，奠基在無私的愛上。試探代表著一種吸引力，會鼓勵一連串的想法，這些想法回過頭來會引導我們以特定方式去行事。這樣的行動若與愛的原則不相容，或換句話說，若與聖經中的規範相反，在上帝眼中就是有罪。當我們懷著這樣的想法去行，我們就是屈服於試探與罪中。

　　基督徒理解上帝曾應許給予力量去抗拒試探，我們不需要被擊敗（哥林多前書10：13）。使徒保羅挑戰我們去奪回所有的心意去順服基督（哥林多後書10：5）。這代表我們不會將我們心門敞開而不加防備，而是會尋求上帝持續的幫助，去理解耶穌祂會怎麼做（腓立比書2：5）。333

> 鑰節 哥林多後書6：15－17
> 問題 2.試探會透過什麼樣的方式找上我們？

　　回答：這裡讀到的經文是：使徒保羅督促我們要記住，我們的身體很特別，並非用來從事各種罪惡活動。而我們的感覺就像管道，試探會透過它們找上我們；這些是上帝賜的，而且我們都重視它。要保守它們，無論做什麼都要為榮耀主而行（哥林多前書10：

31）。現代大眾媒體慫恿人們盡力去追求人類的心智、身體與金錢，我們並非指所有的建議都是不好的，但很顯然，暴力、犯罪與所有的縱容都是透過這些媒體而傳播；若以不健康的建議作為行為準則，以上帝的觀點來看，會形成不好的行為（雅各書1：15）。

鑰節 約翰福音8：44

問題 3.宇宙中是否有一股智慧的力量在運作，帶領我們遠離上帝的理想道路？

回答： 我們週遭有些人，熱愛分享他們的哲學，並且喜好解釋其自由思想所認定的世間報償，他們正是掀起我們世界中思想戰的兵丁。聖經主要是認同上帝的哲學，而基督教哲學奠基於無私的愛這原則之上（馬太福音22：36－40；出埃及記20：1－17）。與此相對的哲學則是認為：無私的愛過於約束人們心智而有瑕疵，不論其爭論點有幾個，這類哲學都可以說成是攻擊上帝以及祂的慈悲與公義；這是先知但以理所給的重要的信息（但以理書7：25；8：11、25），是用來評估新想法的簡易方法。

上帝運作的指導方針有缺陷這個想法，開始於天堂，天堂裡美麗的天使長路錫甫垂涎上帝的位置（以賽亞書14：12－14），他主張可以藉著忽視上帝所用的保護指導方針而得到幸福（創世記3：1－5）。這個反叛者被命名為撒但（意指控告者或懷恨者）。他控制那些屈服於他

想法的人，幫助他們去試探別人。基督徒盼望著有一天，試探與其
終極來源撒但都不再存在（啟示錄20：7－10）。

3 復活的應許──基督徒的盼望

鑰節 使徒行傳1：11
問題 1.基督升天時，天國捎給基督的門徒什麼好消息？

回答：伴隨耶穌升天的天使表達得很清楚，耶穌會再度親自降
臨，招聚祂的門徒。上帝渴望與得救的人在一起，而他們也渴望與
上帝在一起。這個應許不會單獨對這個團體實現，而是關乎所有的
信徒（帖撒羅尼迦前書4：13）。耐人尋味的是：耶穌稱死亡為睡眠（馬
太福音9：24），當祂使拉撒路復活時就闡述了復活是什麼樣子（約翰
福音11：43、44）。我們死亡後會有靈魂上天堂這個想法，是人類的
發明，用很快就會有回報這種想法去吸引人；這個教義在基督之後
的第四、第五世紀時進入教會，[334]從前與現在許多宗教都有這個想
法；然而，聖經教導我們但以理與大衛並未在天堂中，而是還在等
待復活（但以理書12：13；使徒行傳2：29）。宣稱靈魂不死，就是誤解了
無私的愛這個概念，也誤解了人類沒有什麼可以提供給上帝的這個
事實；救贖是「上帝的偉大行動」，是祂的恩賜。[335]

鑰節 帖撒羅尼迦前書4：15、16

問題 2.死者的復活什麼時候會發生？

回答： 死者的復活會在耶穌第二次來臨時發生，這個事件還在未來的時間中。2000多年前當耶穌在人世的時候，祂建立起祂的信念。就是在這個基礎上，我們可以很有信心地期待復活。也就是這個事件會和舊的身體交換新的身體有關，我們一生中所的有缺點與殘疾，都會在得到「榮耀的新身體」時換掉（哥林多前書15：42）；我們現在所擁有的品德，將會是我們從今世帶到來生的特質（希伯來書10：16、17）。因為我們的身體已經改變（哥林多前書15：51；哥林多後書4：14），那些在此世與我們有關的人，會因著我們的好品德而認出我們。

鑰節 啟示錄6：12—17
問題 3.在義人復活前，會有什麼壯觀的事件？

回答： 有些人想像說我們會在一次天堂秘密的拯救行動中，歡天喜地獲得拯救；但基督的降臨是天國歷史中從創世記後的一件大事，自然會比2000年慶祝活動盛大。這個事件會是盛大的，會引起世界各國政府的關注——每一個人都會被降到同樣的層次。這個事件會有聲光視覺奇景特效（馬太福音24：27、30；路加福音9：26；哥林多前書15：51、52），沒有人會錯過這次事件。耶穌特別警告過，在這之前會有人來宣稱祂出現在沙漠或是某個秘密的所在，祂完全摒除這個

誤導的說法（馬太福音24：26；啟示錄1：7）。

> 鑰節 帖撒羅尼迦前書4：17
> 問題 4.在復活當中我們可以仰望誰？

回答：這整個過程中最重要的人，就是上主自己，祂被描繪為一個光榮的征服者，穿著閃耀的服裝降臨（啟示錄19：11－13）。我們沒有得知哪些人會列在歡迎耶穌降臨的清單中，就只是簡單地在聖經中說明，那些名字寫在生命冊上的人才會在那裡（啟示錄21：27）；不過有些秘密被洩漏出來，我們知道一些會在那裡的人名（希伯來書11章）。

4 新世界的承諾－基督徒的希望

> 鑰節 哥林多前書2：9
> 問題 1.哪些事情或經驗會呈現在新世界裡？

回答：聖經給了足夠的細節來刺激想像力。我們一開始就可以說，聖經中沒有哪一節經文使人想到天國或是新世界的生活會像某些卡通作者喜歡畫的一樣，天使在雲端上彈豎琴。唯一描述出的顯著特色，就是所有人都會快樂安全地居住在新世界裡，與耶穌基督同在。在這樣的環境中，能探索新的奧祕，習得知識，探訪各地，

並且與過去歷史中有名的人物建立友誼。每一個人都要建造、栽種並且參與各種有用且歡樂的活動。（以賽亞書65：17－19、21、22）。

鑰節 啟示錄21：2－4

問題 2.哪些事情或是經驗不會出現在在新世界中？

回答： 一些專業人才在天堂中會需要重新經過訓練，因為那裡不再會有痛苦、疾病、死亡以及哭泣。那些有各種邪惡意圖、計畫與哲學的人因為與天國國民不同，將不會受到邀請（啟示錄22：14、15），因此，所有這些人所提倡的經驗，都會在天堂中缺席，鐵血統治將會中止，惡毒與卑鄙將會缺席（以賽亞書11：6－9）。自然，所有的植物與動物變種在上帝最初的計畫中並不存在，像是有刺的植物與薊，都會成為消逝的記憶，而且土地會出產豐盛，正如最初所計畫的（創世記3：17－19）。令人驚訝的是，不會再有海洋（啟示錄21：1），但是這不該解釋為不再會有大量的水存在；另一個令人驚訝的是，只有提到一個城市會存在於新世界中。

盼望的確實性

沒有一定程度確信的盼望只是妄想，聖經說如果沒有盼望，基督徒將是所有人中最不幸的人（哥林多前書15：19）。基督徒面對未來沒有不帶著盼望的；他們的盼望奠基在預言肯定會實現，以及那些接受基督哲學的人其生活一定會轉變（彼得後書1：16－19），因此，他

們「欣然」接受耶穌的邀請（馬太福音28：9）。

⑤ 基督生平與復活的確實性

鑰節 馬太福音27：63、64；28：11─15
問題 耶穌的敵人對於祂復活的消息有什麼回應？

回答：驚嚇的看守士兵對耶穌復活的反應，是要保住自己的性命，因為在守崗時睡著的處罰是死刑；看守士兵企圖藉著指控門徒偷走耶穌的屍體以逃避死刑，這個指控沒有說服多少人。當我們思考這件事情，早期基督教會的成功，就奠基於耶穌復活事件的確定上；沒有其他事件能使沮喪的門徒們，去嘗試讓整個世界分享耶穌的哲學這種任務。基督教開始於「復活運動」，復活就是「中心驅動力量」。[336]基督教的敵人從來無法提出屍體或其他證據，來支持他們受到門徒欺騙之論點。他們渴望動搖這個運動，但是他們的指控在事實的證明下是不可信的；因為事實就是共有四個士兵負責看守，門徒們完全受到釘十字架事件打擊而畏縮。[337]在耶穌被釘上十字架，以及反對祂的群眾運動後，門徒們都設法躲在室內，不會敢去做從武裝的看守士兵手下偷出屍體如此勇敢的事蹟（約翰福音20：19）。

這位給時間分段的「人」（基督前／基督後／西元前／西元後）被認定曾經活著也曾經死了。除了最頑強的懷疑論者外，這些事實都已受

到眾人認可。即使無神論者在這點上，也與信眾站在同一邊。[338]議題重點並非祂的生與死，而是祂的復活；使徒與基督的門徒們都沒有質疑祂的復活，許多見過祂、與祂說過話的人也一樣。他們當中許多人為了耶穌而忍受反對、謾罵、入獄與殘酷的死亡，促使他們仔細檢視自己信仰的證據；他們對這些證據仔細的檢視並沒有改變他們的堅定、耐心與勇氣，他們就是找不到證據證明耶穌的復活是假的。基督教會的反對者，並沒有提供任何可信的證據，說明基督沒有從死裡復生。若他們有提出有說服力的事實，教會應該早陷入混亂當中；但是教會卻以它有說服力的功績，而非以刀劍武力而擴展開來。[339]

6 聖經預言的確實性

鑰節 彼得後書1：19

問題 實現的預言給了我們什麼樣的信心？

回答：我們來看世界帝國這個具挑戰性的預言，這在但以理書中可以找到，並且概述出從預言時代直到基督來臨期間對基督教會有影響力的政治與宗教力量。在但以理書第二章，寫到夢中看到一個大像，其頭部代表了巴比倫（32、36-38節），胸膛和腰是兩個接續的王國（39節），第四個鐵之王國由腿代表（33、40節），最後的腳則是由半鐵半泥組成，這在基督來臨時將會消失（33、41-45節）。但以

理曾被告知，並且的確活著看到巴比倫由瑪代波斯帝國所取代（但以理書5：31；8：20）；從後續更多給他的細節當中，他知道第三個王國會是希臘（但以理書8：21）。每本歷史書都證實了在巴比倫之後，強盛的國家是波斯與希臘；第四個帝國是羅馬的鐵之君主政體，這是耶穌的時代中統治地上世界的帝國（路加福音2：1－7）。西羅馬帝國在西元476年瓦解；[340]預言也預測了，隨之冒出數個民族國家團體（多達十個），正如預言所預測的。[341]

我們循著但以理書所列出的這些國家一路下來，會發現羅馬帝國會消失，個別國家會興起，形成今日的歐洲；在羅馬勢力衰退之際，一股宗教力量興起，以十分顯著的方式影響上帝子民的未來（但以理書7：23－27）。這段權力從世俗移到政治宗教的轉變，發生在康士坦丁大帝統治期間。歷史學家簡而有力的說：「康士坦丁大帝的『信教』，無疑是歷史上最重大的時刻之一。」這開始了一個「社會與宗教革命」，因為羅馬皇帝「賦予教堂劍的權力」；同時，東方哲學的想法，也滲透入基督教義的教導中。[342]

上帝對這世界最後的召喚，就是走出心靈的巴比倫，或說心靈的困惑（啟示錄14：8；18：2－4）；而會有心靈的困惑是因為基督信仰受到競爭的哲學思想所滲透，特別是那些來自東方的哲學。古巴比倫受到印度來的想法滲透，這些想法也受到修改，然後在康士坦丁大帝的時代，[343]如洪水般進入基督教會中。受到其他哲學攙雜的基

督教思想，曾帶來困惑，上帝要求我們明智地仔細研究我們的信仰與傳統。

7 上帝治理信條的優越性

鑰節 使徒行傳4：13
問題 接受基督教原則是否會改變生活？

回答：沒有任何證據比人的世界觀改變後在生活上產生改變更有效。行為永遠比言語更有力，這成為我們認為最有力的證據。在早期門徒的生活中，旁觀者深深受到基督徒活潑的態度、卓越的洞察力與能力所感動。

到今天還是一樣，沒有證據比個人經驗的證據更加令人信服；受拯救的酒鬼或是罪犯持續感謝上帝，因為基督讓他們改變了看法。耶穌還是一如往常，從破碎的現實中拯救眾人，經歷過這種轉變的人那些令人信服的故事，[344]促使我們去體驗類似的改變。在我們下一個問題中，我們會思考遍佈基督教信條中，有助於解釋個人發生改變的線索。

8 將那貫穿基督教思想的觀念統合起來可以帶來盼望

鑰節 約翰福音3：16
問題 1.人類拒絕上帝的指示，上帝為何還提供人類救贖？

回答：無條件的愛是耶穌犧牲的基礎，根據這點，我們就有永生的盼望（以弗所書2：11－13）。我們沒有什麼可以提供給上帝以交換祂的愛；在所有人類經驗中，沒有什麼比這種無私的行為更加可貴。上帝的愛超過利他主義的行為；如果這份愛由一個人向外一個人表達，我們會在他死後追贈獎章，表揚其無私的行為。[345]我們唯一合理且可能的回應，就是去認可並接受這項提供；這樣的愛給了我們對人生應該樂觀的觀念，因為我們的上帝是永恆的，而且祂會再度降臨，帶祂的追隨者到他們在天堂的家中。

鑰節 馬太福音22：36－40
問題 2.我們可否以簡短的話摘要基督教思想的要義？

回答：那賜予人類的道德規範告訴我們上帝如何運作，並且簡單地予以摘要。它是編成法典的愛，概述了愛如何受到保護，並且在人類世界以行動來表達。許多區域拋棄了這項道德規範，在某些不相信上帝的社會中，這是他們對這規範中第一部分的自然反應，因為它處理的是我們與上帝的關係。在其他社會中，有人辯稱說道德規範的價值只是相對的，應該要由群體來決定何謂道德；[346]這個論點甚至宣稱，即使人類的犧牲行為，也不能被視為對或錯。[347]如

果我們延續這樣的觀點，這個世界很快就會陷入混亂；換句話說，若我們允許上帝的愛流過我們，讓我們可以按照道德規範來行，將會免除這世界的許多苦難。

鑰節 詩篇89：14

問題 3.聖經中所描繪的公義原則是否與愛的想法相容？

回答：這是個很困難的問題。撒但在伊甸園中對夏娃表達的，是上帝保留著對祂自己有益的東西（創世記3：4、5），他宣稱上帝是自私的。現在想像一下上帝愛的本質這個問題，因為祂已經宣布，不順從的唯一後果就是永恆的死亡，所以祂必須要做某件破例的事情來克服這個問題。祂需要展示恩慈與公義相容，而且兩者都是祂愛的表現；「公義和公平是你寶座的根基；慈愛和誠實行在你前面。」基督為了我們的罪，代替我們死在十字架上，祂展現出上帝是真實且不會改變的，但同時也是無限慈悲的。祂的律法對公義的要求因為基督的死亡而得到滿足（羅馬書6：23；彼得前書3：18）。恩慈與公義在十字架上吻合，揭示了撒但與他的哲學證實是錯的。

我們在一生中所經歷的不幸，是肇因於我們從前所做的事（因果報應論或「業」），是廣佈於東方哲學中的概念。[348]藉著這個理論，可以辯稱說基督從前有不好的業，所以祂可恥地死於十字架上；因此不可尊崇祂的一生，祂是個大輸家。事實上，基督的死亡是出於憐

憫我們而失去地位；憐憫在許多社會中受到高度讚揚，這挑戰了那些沒有接受基督義舉的人。

身為基督徒，我們必須要思考的有趣議題就是：既然恩慈（恩典）與律法在耶穌的死亡中糾纏得如此緊密，那麼上帝在其律法（十誡）中表達的編成法典的愛，是否可以加以改變。如果我們思考基督的死，只是為了展現祂的公義沒有改變過，而且將來也不會改變，那麼，我們就只剩下一個可能的結論——上帝公義的基礎，正如十誡中所表達的，是不能也不會改變的事物。上帝的旨意十分明確。

鑰節 約翰壹書4：7、8
問題 4.上帝所造的宇宙之運行，是根據何種一致的原則？

回答： 在上帝的宇宙中一致的原則就是無私的愛，因為祂就是愛，這是使宇宙能結合在一起運作的黏膠，僅僅只有容忍是不夠的（加拉太書5：22、23）。好消息是上帝不會改變（民數記23：19；雅各書1：17）；因此我們可以確定，不論是祂編纂的愛之律法，或是祂所提供的恩典，都不會改變。[349]

無私的愛

　　我們稱為愛的情緒很複雜，是我們本質的一部分；這包括感覺與想法。我們可以分辨出幾個種類的愛——浪漫、父母子女、兄弟姐妹、朋友以及對寵物、國家、理想和上帝之愛。除了這些類型外，我們也將只是短暫行動的愛和有關係的愛兩者之間做出區別；在後面這個例子中，牽涉到許多種類的情緒。所有種類的愛當中，所經歷的基本情緒都有興奮與歡樂。愛慕、忠誠、奉獻與有保護和培育的傾向，是所有種類的愛當中共有的元素。[350]

　　母親對子女的愛，是一種特別的聯繫，比僅是滿足食慾來得強烈。我們發現強烈的依附，對幼兒的情緒健康十分重要。事實上，孩子的人格特質會受到這種依附的力量、敏感與回應所影響，[351]孩子成熟度的發展需要建立在有效的溝通上，這表示父母需要敏銳地重視孩子的感覺與意見。

　　在可以展現溫情、喜好與敏銳度的家庭中，較年輕的成員會具有類似的特質，並且情緒成熟的個人。這與某些家庭中主要的情緒為冷淡、拒絕甚至敵意的家庭相反。父母親的感覺遲鈍，會養育出在青少年期對他人感覺遲鈍的孩子；積極傾聽這個溝通元素，是成功的要件；青少年喜歡以行動與語言展現愛慕，並且珍惜討論事情的機會。[352]

孩子的道德發展也受到父母教養風格的影響，有些人傾向於以收回關注與愛，做為對某個舉動不贊同的表達，但這只會造成焦慮；其他人可能會選擇使用強力的評論、體罰、或是撤回某些特權，這最終後果就是產生恐懼、忿怒與憤恨。以建立道德成熟度來說，這些技巧都不是特別有效，只有那些會解釋一個行為為何是錯誤，以及該怎麼彌補的父母，才能讓孩子對道德有所領悟。[353]上述短短幾句的摘要，真正告訴我們的，是愛的方式勝過於其他各種替代方式；沒有什麼能夠取代與孩子和青少年間溫暖與關愛的關係。

關愛的父母，正如我們最後一個陳述所形容的，是成功的，因為他們提供了標準，讓孩子能夠評斷自己的行為。要鼓勵孩子去發揮同理心，並且設身處地為人著想。在談論時，父母可以在愛的前提下討論罪惡感和羞恥心，孩子就不會感到沒有安全感。這樣的過程幫助孩子採取那被提倡的價值。當他們決定採取行動時，是因為他們覺得那是對的，而非因為他們害怕被逮到。

一種特別的愛

我們在這一部分會專注在聖經中所分類出的各種愛，並定義出其中一種特別的愛。聖經中提到感官之愛，但這不是我們研究的焦點，不過，我們很快看一下新約聖經中有兩個都被簡譯成「愛」的希臘文。英文無法表達這兩個字的差別；「phileo」是用在人與人間發展出來的自然情感，這種愛是我們都知道的。在適應良好的家庭

中就能表現出這種愛，也是在此處，才能找到這種愛的最高形式。在這些家庭中，孩子的青少年時期，父母會接受他們的樣子，因為他們重視孩子。意見、興趣與人生規劃方向的不同，可以透過平靜的討論而掌控。我們要信任青少年會做正確的事，青少年很重視這一點。[354]

聖經中還提到一種特別的無私的愛，就是「上帝的愛」（agape），[355]這是上帝對失落且不配承受的人類所展現出的無條件之愛。有些人將「上帝的愛」比喻為上帝所給「不計代價的恩賜」或是「無比的恩典」，這樣的愛使所有人類有價值，因為它是普世的。基督教與其他宗教不同，就是因為這是上帝給予的；基督為了有罪以及懷敵意的人死於十字架上。上帝不需等待或依靠人類的成就與犧牲，施與的主動權在祂手上。當這個禮物藉著信仰被接受時，這人就成為一個媒介，將「上帝的愛」展示給他人。這種愛只有當人完全奉獻給上帝時才能分享給其他人，因為這種愛的傳達是建立在活躍的人際關係上。[356]

聖經觀點

我們將探討聖經中所見，無私的愛幾個重要的層面。

犧牲的愛之本質

1 愛可用來形容一個人

鑰節 約翰一書4：9

問題 「上帝的愛」只能形容誰？

回答：只有上帝可以用「上帝的愛」這個詞來形容。有人說上帝的愛超過祂自己的智慧、榮耀與能力，因為是祂的愛讓其他所有特質有了意義；一個人若缺少愛，就無法有智慧。恨的種子會造成不受歡迎的後果，只有愛可以讓情況更美好。就另一方面而言，恨，僅僅只能損毀與破壞，[357]我們在某些具有這項特質的人臉上會看到這種情感表現。

若沒有一個慈愛的上帝掌控著宇宙，就不值得去過永恆的生活。我們對威脅最自然的反應就是焦慮、恐懼與憤怒，這會招致報復；[358]幸好，聖經呈現了一個與我們日常生活的世界，完全不同的未來。

2 耶穌的犧牲所表達的愛與憐憫

鑰節 羅馬書5：6-8

問題 當看到耶穌為我們犧牲時，我們該將哪一件特別的事實謹記在心？

回答：針對人類的不服從，上帝的反應令人驚訝。保羅考慮到

人類的價值，很直率地告訴我們，如果有人考慮到以奉獻自己生命來拯救某個人，那麼這個人一定有其特別之處。上帝卻不是這樣，祂將祂的生命給了最壞的罪犯，給了不知感恩的人，祂在表達愛的時候沒有考慮到這個人原有的價值，這種愛給予我們作為人的價值。[359]如果我們曾經懷疑過上帝的愛，我們可以讀讀與羅馬十字架酷刑有關的劇烈痛苦、緩慢死亡以及所帶來的羞恥。[360]

拯救我們的計畫並非在人類犯罪之後才有，而是在此事件發生前就已策畫好（彼得前書1：20）。上帝創造人類，並且給他們選擇的權力，因此他們犯罪的可能性便一直存在。當罪進入這個世界後，上帝採取主動（以賽亞書53：6），並且持續尋找罪人，因為無私的愛讓祂關心人們。基督在迷失的羔羊比喻中生動地描寫了這個觀念（馬太福音18：10−14）。故事描寫牧羊人進入野地與蠻荒的地區，為了找迷失的羊，上帝對迷失的比得救的有更大的興趣，因為得救的已經安全了，而迷失的則不然。因為天國不希望有任何一個人滅亡。

3 慈悲與愛

鑰節 出埃及記34：6、7

問題 愛是否能在上帝的審判中表達出來？

回答：當摩西在西乃山上接受十誡時，他請求上帝展示祂的

榮耀（出埃及記33：18），上帝回應了此一請求，答應向他展現祂的特質：就是恩慈與公義。事實上，這呈現在聖所中的是按照曾向摩西顯現的天上聖所的模式建造的，在這個聖所裡，十誡被保存在一個特殊的箱子裡（約櫃－希伯來書9：4），這箱子的蓋子就被稱為施恩座（出埃及記25：18−21），傳達出上帝永遠以慈悲之眼，看著律法對公義的要求。上帝的慈悲就是基督傳道的中心主題，但卻不能與其基石，也就是律法分割；這份史實代表了愛的保護層面（馬太福音22：36−40）。[361]耶穌是我們的施恩座，也就是「挽回祭」，[361]正如某些聖經的翻譯所用的詞彙一樣（羅馬書3：25；參考4：16）。

上帝愛罪人，但是痛恨罪（彼得後書3：9）；耶穌「為我們所有人」贖罪（羅馬書8：32），上帝希望惡人放棄他們的邪惡，成為其恩慈的接受者。祂很樂意原諒，不會採取和人類相同的作法（以賽亞書55：7−9）。正如某個作者所寫，天父的「專職就是原諒」。[362]

惡人最後的毀滅是「愛的審判」；基督在十字架上奉獻出生命這種無比的愛，要求信者全然的奉獻。自私的生命在這種愛面前是無法立足的（約翰福音3：18）。失喪者的命運正是他們抉擇的結果，因為他們在天堂中將是最為悲慘的。[363]撒但本身也會在他向這地球上的居民，以及其他世界生靈表明他的原則是錯誤的之後遭到毀滅；人們將來可以看出他活著就是要給人們帶來痛苦。

這種毀滅不是在火中永遠燃燒受苦，這個可怕的教條是滲入基

督教會的外來思想。當基督第二次回到世界，這個期盼比預期的還要久，立即性的回報與懲罰這種觀念，就被引入基督教會當中。[364]現在聖經中的地獄之火，應當要被理解為是毀滅之火，其後果是永恆的。所多瑪與蛾摩拉被永恆之火毀滅的故事，肯定說明了這點，因為所提到的永恆之火今日並沒有在燃燒，探訪過死海區域的人都能告訴我們（創世記19：24、25、28、29；參考猶大書7節；瑪拉基書4：1）。

財主與拉撒路的故事（路加福音16：19－31），經常被引用，成為有個永恆燃燒的地獄之火這一教條的鑰節。這個故事本是一個關於冥府的異教徒神話，[365]耶穌與他同時代的人都很熟悉。耶穌在這個故事中，並非在教導死後有生命，而是說明人死後不可能改變他的命運；耶穌利用這個荒唐可笑的故事，來闡述我們只有一個生命，我們在此生就該做出選擇（31節）。我們也會有疑問，幾滴在舌頭上的水，怎麼能夠停止在火中的痛苦？且公義之人看到別人受苦怎會有什麼快樂可言呢？

馬太福音中生動地記錄了耶穌在第二次降臨時，會將人分在右邊和左邊這個比喻的故事（25：31－33，參考13：37－43，帖撒羅尼迦前書4：13－18）。這裡很明確地告訴我們，並不會有火在得救者的面前，燃燒並且折磨邪惡的人，這個概念對於慈愛上帝來說是外來的。耶穌將死亡形容為睡眠，直到祂的回來，這才是我們一個慈愛的上帝會給予我們的信息，而非永遠地用永火折磨人類。

4 上帝是否撤回祂對我們的愛？

> 鑰節 馬太福音6：10
>
> 問題 災禍是否表示上帝撤回祂的愛？

　　回答：此處引用的經文專指在我們的生活上，我們應該要禱告「願你的旨意行在地上。」耶穌在施洗約翰被砍頭的經驗中擴大這個概念，祂告訴我們約翰受到上帝無限喜愛，並且是所有先知中最偉大的一個，但是上帝允許他作為見證者而死亡（馬太福音11：9—11，參照14：8—11）。之後的聖經作者告訴我們，有些人能免於死亡，有些人則必須殉道，但這些人都保持他們的信仰，相信上帝掌管諸國與個人之事（希伯來書11：32—40）。上帝給我們身體與心靈這兩方面的福氣。我們只是被要求要信實，以便得到永生的應許（希伯來書11：35—40）。也許這就是為何一個人疾病或死亡時，需要比其他人展現更大的信仰。

基督徒愛的證據

5 愛的行動

> 鑰節 哥林多前書13：1—8
>
> 問題 在一個展現無私的愛之人身上，可以預期看到什麼行為
> 　　特質？

回答：「無私」的愛是基督徒身上所展現最重要的特質，因為沒有這一項特質，所有已做的好事，甚至是殉道都沒有意義。這種愛表現出這人與上帝之間有完全的合一。「上帝的愛」並非是自私的，並且不會在簡短、快速的表現後停止；它不會不耐煩，也不會與嫉妒、猜忌和憤怒並存；這種愛尋求公義，並且在真理上得以發揚時，會感覺快樂。具有上帝的愛（agape love）的人，是樂觀並且信任他人的。

當我們接受耶穌的犧牲，並且選擇將我們的生命奉獻給祂時，這種愛就成為上帝的恩賜降臨在我們身上（羅馬書5：5；加拉太書5：22、23）。基督徒是傳達上帝的愛的管道。這樣的管道不會使用虛假的言詞或是顯示出嫉妒、恨與憤怒，或是追求自私的愉悅（加拉太書5：19、20節）。

6 愛上帝的證據

鑰節 馬太福音22：36－40
問題 對上帝的愛如何展現？

回答：愛與律法緊密相連，正如我們引用的經文所顯示的。律法其實是經過編纂的愛，這表示全心奉獻給上帝的基督徒會全心全意去執行上帝的旨意，因為他們不會做其他行為；他們是管道，上

帝的愛透過他們流動。³⁶⁶此處經文中所提到的十誡律法，並沒有限制個人，事實上是使他們自由（雅各書2：12）；可見服從自由的律法就是愛的行動。耶穌透過自己簡單的話語將這概念闡釋的更清楚：「你們若愛我，就必遵守我的命令。」（約翰福音14：15）

　　上帝自由律法的整個重點，就是指出罪的本質（羅馬書7：7）；若我們嘗試辯解法律曾被改變，或是完全忽視法律，那麼我們就是活在不真實或是沒有律法的世界中。上帝將標準放在我們面前是為了我們好，因為它指出我們的弱點，促使我們去親近基督，在祂之中我們找到拯救（羅馬書7：24、25）。順從不是我們獲得拯救的方法，而是因基督的拯救而產生的後果。忠誠遵守好的規律不會拯救我們，但是如果我們相信耶穌所給的恩賜，我們整個思想都會改變，所以遵守變作是一件樂事。³⁶⁷

　　當我們的思考改變了之後，我們便不會急於爭辯上帝的旨意或是律法是否表達不夠清楚，或是主張社會傳統以其他更方便的事物來取代了這些律法。上帝的話語不會改變，這個事實是個極大的安慰（民數記23：19；雅各書1：17）。要求任何人去服事一位善變的上帝，這是最令人不安的事了。

７ 愛別人的證據

回答：這段記敘告訴我們，那些貧窮的人就是我們的鄰居，他們也需要我們的慈悲。這段記敘告訴我們，當需求很明顯時，社會地位、種族（回應受到傷害之人的需求，是撒馬利亞人，猶太人不喜歡撒馬利亞人），還有宗教說服都不是應該考慮的因素；方便性也不是。在現在這個世界中，有許多一再發生的狀況，只有憐憫才是正確的回應；那些有「上帝之愛」的人，看來似乎樂意去關照其他人的利益，而不會感到厭煩（哥林多前書13：8）。

只有當我們與上帝的交往，以及我們體驗到上帝的愛（agape love）時，我們才會去關懷別人。這種對他人的關心是自發性的，而非由自私的想法所驅動；這種自發性甚至會對敵人展現，因為基督徒的愛是行動（action），而非只是反應（reaction）。[368]我們的鄰居也許會很自大，言語刺耳，並且行不義之事，但這並不代表能以同樣態度的回應，而是一個機會告訴他們有更好的表現方法，並因此榮耀上帝（馬太福音5：16；彼得前書3：8、9）。

培養基督徒的愛
8 靠近愛我們的上帝

鑰節 約翰福音6：53－56、63
問題 我們是否該對上帝在聖經中留給人類的信息感到興趣？

回答：此處我們所引用的經文，指出藉著閱讀與理解上帝在聖經中留給我們的話，我們可以開始領會上帝的品德。耶穌使這個想法更加清楚，祂說：「人活著，不是單靠食物，乃是靠上帝口裏所出的一切話。」（馬太福音4：4）。使徒保羅對此加註，他說整本聖經都是神所默示的（提摩太後書3：16）。

我們腦中記住的東西會影響我們的品德；如果我們理解這個關係，就會希望避免在腦中裝滿淫穢、殘酷與瑣碎的小事；反之，我們會藉著研讀祂所啟示的旨意，以及對其生平的正確紀錄來維持與上帝親密的關係。這可能會對我們的思考帶來衝擊，但是卻可以指出我們的動機是有缺陷的。使徒保羅將這個經驗比喻為利劍刺入身體（希伯來書4：12）；若我們不抗拒上帝的塑造，就會在思想與行為上有所改變。

因信上帝而改變的經驗，是來自經常接觸的：透過閱讀以及思考上帝的話語，我們才能夠改變（箴言2：4、5）；匆忙短暫的接觸，特別是我們並未將自己的心智準備好，去接受這些我們不想要的想法，就不會對人生造成改變。耶穌指示祂的追隨者，帶著學習者的心態來，請求上帝的幫助，這樣才會理解祂對他們的旨意（約翰福音

14：26）。我們不應該有錯誤的想法，認為研讀數量最重要；相反地，是研讀的質量與默想上帝的話語，才是真正有價值的。[369]

9 在禱告中花時間與上帝相處

鑰節 詩篇61：1-4
問題 我們在禱告中可以找到何種價值？

回答：閱讀上帝的話語，與禱告有密切關係，新約中給予的建議是要不停的禱告（帖撒羅尼迦前書5：17）。這不是指我們所有時間只拿來禱告使我們變得無用，而是指願意從聖書的原則尋找每日生活的勸勉，並且在有特殊需求時尋求協助。這其中所代表的意義，在尼希米的經驗中解釋得很清楚（尼希米記2：4）。他是波斯王宮的酒政，有一天他看起來很悲傷，王懷疑有個對他不利的陰謀，在這個緊張的情勢下，尼希米站在王面前時，向上帝禱告。智慧便賜給了他，以作為回應，並因此產生了美好的結果，進一步為他的流亡祖國帶來利益。

禱告最好在私下的場所進行，以遠離每日生活中的紛擾，而營造出特別的氛圍；禱告不是為了炫燿（馬太福音6：6、9-15），禱告就如同朋友般與上帝說話，因此我們不需要沉迷於無謂的重複（7節）。這也是我們向上帝特別請求的時間，例如要求寬恕我們所注意

到的罪（馬太福音6：12；腓立比書4：6）。這也是個對我們人生方向的反省時間，反省那使我們感到沮喪的事情，以及反省哪些方面需要改進。同時也是思考上帝所賜給我們的喜悅和福氣。[370]

🔟 活在愛的關係中

> 鑰節 約翰福音15：4、5
>
> 問題 我們如何與上帝建立新的關係？

回答：我們的經文向我們肯定，若我們將焦點放在耶穌每日的生活與工作上，我們的思想就會改變。使徒保羅是這樣說的：「只要心意更新而變化」（羅馬書12：2）。當我們看到上帝為了救贖人類所做的事情，我們就會想要得到祂所提供的救贖。聖經描述上帝為慈愛的天父，當有人理解到祂所提供的這個禮物，並且懂得善加利用時祂就感到歡欣（浪子就代表這樣的人物）。事實上，上帝給我們創造出關愛的環境，讓我們可以理解到我們罪的行動所產生的後果；祂賜給我們悔改的心（使徒行傳5：31），在我們理解罪對這個世界與對其他世界的可怕後果，並且理解到上帝的道德標準後，我們就只想做那些能取悅祂的事情。這種理解上帝的公義，以及祂對我們生活的計畫之經驗，會讓我們承認我們的墮落，並且要求在每日的生活中給與指引與幫助。而上帝也會立即以平安與喜樂來取代我們的罪（羅馬書5：1、2）。

在我們剛剛提到的環境中，有些情況適合我們去發展良知的；知道與理解上帝的道德規範，能使我們對某些自己的習慣產生出不安的感覺。[371]我們的內在控制機制現在告訴我們，「想到這樣的行為我會感到羞愧」，或是「我不想跟隨這樣的建議，因為這不是耶穌會做的事」。

採取特定的道德標準作為我們自己的行動規範，稱做內在的屬性──這代表我們會對某些特定行為感覺到不舒服、有罪惡感或是感到羞愧，但是我們去追隨上帝指導方針的動機，卻不是因為恐懼。[372]因此，聖經稱這個過程為「從心裏遵行上帝的旨意。」（以弗所書6章6節）。

上帝應許要轉化我們的思考，讓我們會想照祂的旨意行（以西結書11：19－21），然後祂提供我們力量去完成（以弗所書3：20）。我們該理解的是：在基督徒裡產生的轉變，是透過基督而非個人的功勞來完成（哥林多前書1：30、31；哥林多後書5：21；希伯來書10：14）。基督徒對日常生活中的重大議題採取了一個正面的態度，正如聖經清楚地指出那運行在這個世界的強大力量──就是不論有什麼困難，都能克服。上帝給了許諾，祂願我們靠基督得勝（以弗所書6：12－18）。

⑪ 分享對愛的知識

回答：基督徒對於這份愛的禮物與經驗的回應，會激勵一個人願意與他人分享這個好消息。聖經講到成為上帝的使者（哥林多後書5：20），許多人接受了這個挑戰，並且為上帝做了驚人的事蹟。聖經描述了這些使徒的工作，特別是保羅，對許多人來說正是個有意義的傑出範例。他踏上了遼闊的傳教旅途，與巴拿巴將福音帶到敘利亞以及小亞細亞，因此他們開始了第一次國外宣教計畫，為教會在即將來臨的黑暗世紀中奠下了基礎。[373]使徒保羅為了將好消息分享給他人，樂意承受苦難。

第四部
結論
FOURTH

「應當敬畏上帝，將榮耀歸給他！」

啟示錄14章7節

第四部 | 結論

15 全人健康

我們已經在本書論述過耶穌基督是人類的創造者（約翰福音1：1－4、14），而且祂是人世與天國主要的橋樑（創世記28：12，參考約翰福音1：51，哥林多前書10章1－4，提摩太前書2：5；啟示錄1：11－13、17－19）。我們曾在各個章節解釋過與基督交流的本質。很有趣的一點是整本聖經都有一個目的，那就是「都是神所默示的」，並且「教導人學義都是有益的」（提摩太後書3：16），或說能培養公義。

基督在世上的時候，持續表現了祂對人類在身體、心靈、智識與社會各方面的關心（例如馬太福音8：2、3；9：2－6；路加福音2：24－47）。若有一句話能夠摘要祂對一個人整體健康的態度，我相信可以在馬可福音12：12－31找到。如果我們由健康的觀點來考慮這些指導，我們能推衍出下列意義。

首先談到的靈性與精神層次（29、30節）如下：「第一要緊的就是說：『以色列啊，你要聽！主——我們上帝是獨一的主。你要盡心、盡性、盡意、盡力愛主——你的上帝。』」這是第一個誡命。

顯然，最先強調的是靈性層次，這很正確，因為上帝既是我們的創造者，也是我們的救贖者（馬太福音6：33）。這幾節經文提醒我們，若沒有訴諸心理層面，靈性層面就不能運作，因為這節經文要求每個人去「全心全意」地愛。表現對上帝的愛，其結果是我們也認知到社會層面的重要，因為我們記得崇拜的目的，以及它最初是如何組織起來的（創世記3：8-11）。

第二提到的是社會與身體層面（31節）：「其次就是說：『要愛人如己。』」（我們在社會與身體層面愛自己或看顧自己）。

在這節經文中，社會層面最先受到重視，因為第一個指示就提到我們的鄰人。基督在其他地方（路加福音10：30-37）也強調鄰人的意義，關於好撒瑪利亞人的寓言中，祂清楚地指出，好的基督徒有社會責任，並且應該要照顧貧困者。在這個故事中，社會與身體需求都受到強調；被盜賊攻擊的人沒有足夠的社會地位，以致宗教領袖都不肯提供幫助，但是撒瑪利亞人卻表現出對社會負責的行為，救助受害者的身體需求。我們被創造為社會生物，並且沒有疾病的摧殘（創世記2：21-24；啟示錄21：4）；我們喜歡處於健康的狀態中，在從事日常活動和與人交往時，也應該考慮到他人的健康（以弗所書5：28、29）。關於達成身體與社會健康方面，耶穌給了以色列的子民許多有幫助的指示（例如利未記11-15，18、19章）。今日，祂也要求我們與他人分享這份對團契與健康生活的愛，因為我們被稱為使者（哥

林多後書5：20）。

　　那麼何不與他人分享本書的信息呢？

　　「因為你們是重價買來的，所以要在你們的身子上榮耀上帝。」

　　　　　　　　　　　　　　　哥林多前書6：20

參考資料：

1. Sizer, F. S. & Whitney, E. N. 2000. Nutrition: Concepts and Controversies, eighth edition. Belmont, California: Wadsworth/Thomson Learning, pp. 98-103.

2. Sizer & Whitney, op. cit., pp. 182-187, 197-199; Craig, W. J. 1999. Nutrition and Wellness: A Vegetarian Way to Better Health. Berrien Springs, Michigan: Golden Harvest Books pp. 27-30; Campbell, T. C. & Campbell, T. M. 2006. The China Study. Dallas, Texas: Benbella Books, pp. 95-97.

3. Craig, op. cit., pp. 30-39, 267.

4. Craig, op. cit., pp. 33-42; Smolin, L. A. & Grosvenor, M. B. 2003. Nutrition: Science and Applications, fourth edition. New Jersey: John Wiley & Sons, Inc., pp. 141-142.

5. Sizer & Whitney, op. cit., pp. 210-251.

6. Sizer & Whitney, op. cit., pp. 264-268.

7. Craig, op. cit., pp. 9-15.

8. Chopra, M. et al. 2002. Bulletin of the World Health Organization, vol. 80 (no. 12), pp. 952-958.

9. Nathan, J. et al. 1997. European Journal of Clinical Nutrition, vol. 51, pp. 20-25.

10. Craig, op. cit., pp. 173, 174, 180.

11. Craig, op. cit., pp. 195-199; New Scientist, vol. 177（no. 2376）, p. 24.

12. Craig, op. cit., pp. 184-194.

13. Hokin, B. D. & Butler, T. 1999. American Journal of Clinical Nutrition, vol. 70（Supplement 3）, pp. 576S-578S; Rauma, A. L. et al. 1995. Journal of Nutrition, vol. 125 (no. 10), pp. 2511-2515.

14. Craig, op. cit., p. 218; Dagnelie, P. C. 1997. Journal of Nutrition, vol. 127 (no. 2), p. 379.

15. Craig, op. cit., p. 215, 218; Sizer & Whitney, op. cit., 206, 229, 230.

16. Sizer & Whitney, op. cit., pp. 213-216; Tee, E. S. 2002. Food and Nutrition Bulletin, vol. 23, pp. 345-348.

17 Ibid., pp. 227-229; Smolin & Grosvenor, op. cit., pp.233, 234, 255,256.

18 McMillen, S. I. & Stern, D. E. 2000. None of These Diseases, revised edition. Grand Rapids, Michigan: Fleming H. Revell.

19 Avise, J. C. 1998. The Genetic Gods. Cambridge, Massachusetts: Harvard University Press, p. 215.

20 Avise, op. cit., pp. 62-72.

21 Bacchiocchi, S. 1989. Wine in the Bible. Berrien Springs, Michigan: Biblical Perspectives, pp. 107-109.

22 Craig, op. cit., pp. 103, 104, 172

23 Craig, op. cit., p. 18.

24 Sizer & Whitney, op. cit., p. 203.

25 Craig, op. cit., pp. 20, 21.

26 Craig, op. cit., pp. 21, 43-46.

27 Ibid., pp. 172, 173; Sizer & Whitney, op. cit., pp. 424-430; Sakar, F.H. & Li, Y. 2003. Cancer Investigation, vol. 21, pp. 817-818.

28 Trauxe, R. V. 1997. Emerging Infectious Diseases, vol. 3（no. 4）, pp. 425-434.

29 Craig, op. cit., pp. 171-173, 180, 255-258; Sizer & Whitney, op. cit., pp. 487-492.

30 Craig, op. cit., pp. 255-258.

31 Nielsen, S. J. & Popkin, B. M. 2003. Journal of the American Medical Association, vol. 289（no. 4）, pp. 450-453.

32 Wadden, T. A. et al. 2002. Journal of Consulting and Clinical Psychology, vol. 70（no. 3）, 510-525; Tee, E. S. 2002. Asia Pacific Journal of Clinical Nutrition, vol. 11（Supplement 8）, S694-701.

33 Nielsen & Popkin, op. cit., p. 450; Blundell, J. E. & Gillett, A. 2001. Obesity Research, supplement 4, pp. 263S-270S.

34 Martindale, D. 2003. New Scientist, vol. 177（no. 2380）, pp. 27-29.

35 Madigan, M. T. et al., 2003. Brock Biology of Microorganisms, tenth edition. Upper

Saddle River, New Jersey: Pearson Education International, pp. 731-733.

36 Craig, op. cit., pp. 150, 151.

37 Knight, E. C. et al. 2003. Annals of Internal Medicine, vol. 138（6）, pp. 450-467.

38 Cohen, P. 2004. New Scientist, vol. 183 (no. 2454), p. 15.

39 Campbell, T. C. & Campbell, T. M. 2006. The China Study. Dallas, Texas: Benbella Books, pp. 54-60, 95-97.

40 Craig, op. cit., pp. 27, 28, 30, 143, 144, 173.

41 Bano, Z. & Rajarathnam, S. 1988. Critical Reviews of Food Science Nutrition, vol. 27 (no. 2), pp. 87-158.

42 Wiebe, M. G. 2004. Mycologist, vol. 18 (1), p. 17; Miller, S. A. & Dwyer, J. T. 2001. FoodTechnology, vol. 55, pp. 42-47.

43 Craig, op. cit., pp. 94-100; Edwards, R. 2004. New Scientist, vol. 181（no. 2430）, p. 8.

44 Chopra, M. et al., 2002. Bulletin of the World Health Organization, vol. 80（no. 12）, pp. 952-958; Magai, C. & McFadden, S. H. Eds. 1996. Handbook of Emotion, Adult Development, and Aging. San Diego, California: Academic Press, pp. 311, 312; Sizer & Whitney, op. cit., pp. 328, 329, 394-396.

45 Seaward, B. L. 1997. Managing Stress: Principles and Strategies for Health and Wellbeing, second edition. London: John Bartlett Publishers, p. 435; Lance, J. W. 1993. Mechanism and Management of Headache, fifth edition. Oxford: Butterworth-Heinemann, p. 117.

46 Fang, Y-Z. et al., 2002. Nutrition, vol. 18 (no. 10), pp. 872-879.

47 O'Neill, G. 2003. Australian Biotechnology News, vol. 2（no. 7）, p. 18.

48 Craig, W. J. 1999. Nutrition and Wellness: A Vegetarian Way to Better Health. Berrien Springs, Michigan: Golden Harvest Books, pp. 8, 9.

49 Craig, op. cit., pp. 8-15.

50 Bray, G. A. 2002. Journal of Nutrition, vol. 132（no. 11S）, p. 3451S; Bray,G. A. 2003. Primary Care, vol. 30（no. 2）, pp. 281-299.

51　McMillen, S. I. & Stern, D. E. 2000. None of These Diseases, revised edition. Grand Rapids, Michigan: Fleming H. Revell, pp. 178-183.

52　Regenstein, J. M. Kosher laws impacting food technology. On line: www. worldfoodscience.org/ （17/3/2003）.

53　Laurie, R. A. 1968. Meat Science. Oxford: Pergamon Press, p. 123.

54　Bingham, S. A. et al. 2002. Journal of Nutrition, vol. 132（no. 11S）, pp. 3622S-3525S; Turbic, A. et al. 2002. Food Additives and Contaminants, vol. 19（2）, p. 146.

55　Sipple, H. L. & McNutt, K. W. Eds. 1974. Sugars in Nutrition.. New York: Academic Press, pp. 4, 5.

56　Horn, S. H. 1960. Seventh-day Adventist Bible Dictionary. Washington, D.C.: Review and Herald Publishing Association, p. 346.

57　Bonkowski, M. S. et al. 2006. Proceedings of the National Academy of Sciences USA, vol. 103, pp. 7901-7905.

58　Medical information is available in the public domain online: Examples: www.hsph. harvard.edu/; www.llu.edu/vegetarian.sph/; www.who.int/en/World.Health.Org

59　Data base containing summaries of millions of articles: www.ncbi.nlm.nih.gov/PubMed/

60　Ge, K. & Yang, G. 1993. American Journal of Clinical Nutrition, vol. 57（supplement 2）, pp. 259S-263S; Melse-Boonstra, A. et al. 1998. American Journal of Clinical Nutrition, vol. 68, p. 636.

61　Calder, P. C. & Kew, S. 2002. British Journal of Nutrition, vol. 88（supplement 2）, pp. S165-S177; Serafini, M. 2000. International Journal of Developmental Neuroscience, vol. 18（issues 4-5）, pp. 401-410.

62　Craig, op. cit., pp. 202-206, 213-219.

63　Keuth, S. & Bisping, B. 1993. Journal of Applied Bacteriology, vol. 75, pp. 427-434.

64　Burkitt, D. P. & Trowell, H. C. Eds. 1975. Refined Carbohydrate Foods and Disease. London: Academic Press, pp. 78, 79, 113-131, 333-345; Campbell, T. C. & Campbell, T. M. 2006. The China Study. Dallas, Texas: Benbella Books, pp. 171-174.

65   Craig, op. cit., pp. 244-248; Mathew, A. et al. 2000. European Journal of Cancer Prevention, vol. 9, pp. 89-97.

66   Craig, op. cit., pp. 60-64, 76, 77, 96, 97; Pehowich, D. J. et al. 2000. West Indian Medical Journal, vol. 49, pp. 128-133.

67   Craig, op. cit., pp. 62-77; Smolin, L. A. & Grosvenor, M. B. 2003. Nutrition Science and Applications, fourth edition. New Jersey: John Wiley & Sons, Inc., pp. 343-345.

68   Craig, op. cit., pp 147149; Mathur, S. et al. 2000. Diabetes as a Cause of Death, Australia, 1997 and 1998. Canberra: Australian Institute of Health and Welfare, pp. ix, xi, 1; American Diabetes Association – www.diabetes.org/makethelink; Khor, G. L. 2004. Asia Pacific Journal of Clinical Nutrition, vol. 13（supplement）, S22.

69   Craig, op. cit., p. 146; Campbell, N. A. et al. 2004. Essential Biology with Physiology. San Francisco: Benjamin Cummings, pp. 553, 554.

70   Hillson, R. 1993. Diabetes: A New Guide. London: Positive Health Guide, pp. 56-67.

71   Snowdon, D. & Phillips, R. 1985. American Journal of Public Health, vol. 75, p. 507; Gear, J. et al. 1980. British Medical Journal, vol. 281, p. 1415.

72   GI Website: www.glycemicinded.com/

73   Craig, op. cit., p. 151.

74   Bacchiocchi, S. 1989. Wine in the Bible. Berrien Springs, Michigan: Biblical Perspectives, pp. 243-246.

75   Craig, op. cit., pp. 90, 120; Bhat, K. P. L. & Pezzuto, J. M. 2002. New York Academy of Sciences 957, pp. 210-229.

76   Hassler, C. M. et al. 2000. Current Atherosclerosis Reports, vol. 2（no. 6）, pp. 467-475.

77   Fang, Y. Z. et al. 2002. Nutrition, vol. 18 (no. 10), pp. 872-879; Halliwell, B. & Gutteridge, J. M. C. 1999. Free Radicals in Biology and Medicine, third edition. Oxford: Oxford University Press, pp. 761-767.

78   Campbell, T. C. & Campbell, T. M. 2006. The China Study. Dallas, Texas: Benbella Books, pp. 102-103.

79 Rao, A. V. 2002. Experimental Biology and Medicine, vol. 227（no. 10）, pp. 908-913; Craig, op. cit., p. 84.

80 Craig, op. cit., p. 85.

81 Alarcorn de la Lastra, C. et al. 2001. Current Pharmaceutical Design, vol. 7（no. 10）, pp. 933-950.

82 Siems, W. et al. 2002. The FASEB Journal, vol. 16 (no. 10), pp. 1289-1291.

83 Coghlan, A. 2002. New Scientist, vol. 175（no. 2354）, pp. 4, 5; Cohen, P. 2002. New Scientist, vol. 176（no. 2370）, p. 7; Smolin & Grosvenor, op. cit., pp. 255, 256, 510.

84 Roth, A. A. 1998. Origins: Linking Science and Scripture. Hagerstown: Review and Herald Publishing Association, pp. 140-142; Dembski, W. A. Ed. 1998. Mere Creation: Science, Faith & Intelligent Design. Downers Grove, Illinois: InterVarsity Press; Denton, M. 1995. Evolution: A Theory in Crisis. London: Burnett Books; Behe, M. 1996. Darwin's Black Box: The Biochemical Challenge to Evolution. New York: Free Press; Shapiro, R. 1986. Origins: A Skeptic's Guide to the Creation of Life on Earth. New York: Summit Books.

85 Sizer, F. S. & Whitney, E. N. 2000. Nutrition: Concepts and Controversies, eighth edition. Belmont, USA: Wadsworth/Thomson Learning, pp. 60, 61.

86 Sizer & Whitney, op. cit., p. 204.

87 Ibid., pp. 137, 138, 204, 412, 424-430; Craig, W. J. 1999. Nutrition and Wellness: A Vegetarian Way for Better Health. Berrien Springs, Michigan: Golden Harvest Books, pp. 18-26, 60.

88 Koranteng-Pipim, S. 1996. Receiving the Word. Berrien Springs, Michigan: Berean Books, pp. 25-41.

89 Silk, J. 1989. The Big Bang, revised and updated edition. New York: W. H. Freeman and Company, p. 411; Maddox, J. 1989. Nature, vol. 340, p. 425.

90 Maddox, op. cit., p. 425.

91 Krailsheimer, A. J. 1966. Pascal Pensées. Middlesex, England: Penguin Books, pp. 149-

155.

92 Walker, D. P. 1964. The Decline of Hell. Chicago: University of Chicago Press, pp. 34, 35.

93 Catholic Encyclopedia. 1912 edition. Soul. Online: www.newadvent.org（21/11/02）.

94 Hawking, S. 1988. A Brief History of Time. New York: Bantam Books, p. 175.

95 Rohl, D. M. 1999. A Test of Time, vol. 2, Legend. London: Arrow Books Limited, pp. 163-180.

96 Roth, C. Ed. 1971. Encyclopaedia Judaica. Jerusalem: Keter Publishing House Ltd, vol. 11, cols 883-886.

97 Sugimura, T. et al. 2004. Cancer Science, vol. 95, pp. 290-299; Koh, W. P. et al. 2005. European Journal of Clinical Nutrition, vol. 59, pp. 16-23.

98 Hocking, A. D. et al. Eds. 1997. Foodborne Microorganisms of Public Health Significance, fifth edition. North Sydney: Australian Institute of Food Science and Technology Inc., pp. 187, 241, 318, 344, 345, 610; Tauxe, R. V. 1997. Emerging Infectious Diseases, vol. 3, p. 427.

99 Halsted, B. W. 1967. Poisonous and Venomous Marine Animals of the World, vol. 2. Washington, DC: United States Printing Office, pp. 21, 27, 699; Ford, M. D. et al. 2001. Clinical Toxicology. Philadelphia: W. B. Saunders Company, pp. 964-968.

100 Goldsmid, J. M. 1982. Australian Microbiology, vol. 2 (5), p. 5.

101 Young, E. 2005. New Scientist, vol. 187 (no. 2508), p. 17.

102 Randerson, J. 2002. New Scientist, vol. 176（no. 2366）, pp. 41-43; Torrey, E. F. & Yolken, R. H. 2003. Emerging Infectious Diseases, vol. 9（no. 11）, pp. 1375-1380; Yereli, K. et al. 2005. Forensic Science International, December 2（E-published）.

103 Roth, op. cit., vol. 12, cols 907-909.

104 Olney, J. W. et al. 2002. Brain Pathology, vol. 12 (no. 4), pp. 488-498; Merchant, J. 2004. New Scientist, vol. 181（no. 2435）, p. 9.

105 Sizer & Whitney, op. cit., p. 437; Rees, W. 2002. Proceedings of the Nutrition Society,

vol. 61 (1), pp. 71-77; Dennis, C. 2003. Nature, vol. 421（no. 6924）, pp. 686-688; Wintour, M. 2004. Australasian Science, vol. 25（5）, pp. 23, 24.

106 Sizer & Whitney, op. cit., p. 205; Burkitt, D. P. & Trowell, H. C. Eds. 1975. Refined Carbohydrate Foods and Disease. London: Academic Press, pp. 71-79; Wells, A. S. & Read, N. W. 1996. Physiological Behaviour vol. 59（6）, p. 1069; Wells, A. S. et al. 1996. British Journal of Nutrition, vol. 74（1）, p. 115.

107 Snowdon, D. N. 2001. Aging with Grace: What the Nun Study Teaches Us About Longer Life, Healthier, and More Meaningful Lives. London: Fourth Estate, pp. 108-119.

108 Shaffer, D. R. 2000. Social and Personality Development, fourth edition. Stamford: Wadsworth, Thomson Learning, pp. 152, 153.

109 Wall, W. D. 1955. Education and Mental Health. London: George G. Harrap & Co. Ltd, pp. 32-42.

110 Magai, C. & McFadden, S. H. Eds. 1996. Handbook of Emotion, Adult Development, and Ageing. San Diego, California: Academic Press, pp. 349-365; Mueller, P. S. et al. 2001. Mayo Clinic Proceedings, vol. 76（issue 12）, pp. 1189-1191.

111 Seaward, B. L. 1997. Principles and Strategies for Health and Wellbeing, second edition. London: Jones and Bartlett Publishers, pp. 151, 152.

112 Motluk, A. 2005. New Scientist, vol. 187（no. 2518）, p. 15.

113 Levinthal, C. 1996. Drugs, Behavior, and Modern Society. Boston: Allyn and Bacon, pp. 205, 206.

114 Betts, A. 2003. Archaeological Diggings, December02/January 03, pp. 13, 14; Levinthal, op. cit., pp. 101, 102, 107.

115 Betts, op. cit., p. 15; commonly available Sudafed PE contains phenylephrine. Sudafed is now commonly a prescription drug – Dr N. Walters, personal communications.

116 Barron, F. et al. 1964. Scientific American, vol. 210（no. 4）, pp. 29-37; Davenport-Hines, R. P. T. 2001. The Pursuit of Oblivion: a Global History of Narcotics. London: Weidenfeld & Nicolson.

117 Levinthal, op. cit., pp. 314-316, 324-327.

118 Claudius. Online: www.anselm.edu/internet/classics/I,CLAUDIUS/claudvice/cv4.html
（5/2/2003）.

119 Levinthal, op. cit., pp. 212-216, 295-300.

120 Wuethrich, B. 2002. Reader' s Digest, vol. 161 (no. 967), pp. 105, 106.

121 Obernier, J. A. et al. 2002. Pharmacology, Biochemistry, and Behavior, vol. 72（no.
3）, pp. 521-532; De Bellis, M. D. et al. 2001. American Journal of Psychiatry, vol. 158
（no. 5）, pp. 820-821; Tapert, S. F. & Brown, S. A. 1999. Journal of the International
Neuropsychology Society, vol. 5（no. 6）, pp. 481-493.

122 Huebner, H. F. 1993. Endorphins, Eating Disorders and Other Addictive Behaviors. New
York: W. W. Norton & Company, pp. 16-18, 124-129.

123 Lemonick, M. D. 2003. Time, Australia, January 20, no. 2, p. 43.

124 Rudolph, K. 1983. Gnosis. Edinburgh: T. & T. Clark Limited, pp. 247-249, 304.

125 Shephard, R. J. 1994. Aerobic Fitness & Health. Champaign, Illinois: Kinetics Publishers,
pp. 220, 232-268; Singer, E. 2003. New Scientistvol. 180（no. 2421）, p. 8.

126 Snowdon, D. 2001. Aging with Grace. London: Fourth Estate, pp. 117, 118.

127 Seaward, B. L. 1997. Managing Stress: Principles and Strategies for Health and
Wellbeing, second edition. London: Jones and Bartlett Publishers, pp. 309-310.

128 White, E. G. 1940. The Desire of Ages. Mountain View, California: Pacific Press
Publishing Association, pp. 83, 259, 260; Matthew 6:6.

129 Seaward, op. cit., pp. 310-312, 319; Matthew 6:7.

130 Ibid., pp. 318, 319.

131 Ibid., pp. 310, 311, 314, 315.

132 Morton, J. S. 1978. Science in the Bible. Chicago: Moody Press, pp. 89-91; Marshall, A.
1978. The R.S.V. Interlinear Greek-English New Testament. London: Samuel Bagster and
Sons Limited, p. 755.

133 Young, R. 1975. Analytical Concordance to the Holy Bible. London: Lutterworth Press, p.

916 on the Greek words pharmakeia and pharmakos translated as sorcerer.

134 Levinthal, C. 1996. op. cit., pp. 213, 214, 297, 298.

135 White, J. & Humeniuk, R. 1994. Alcohol Misuse and Violence: Exploring the Relationship. Canberra: Australian Government Publishing Service, pp. 4, 5, 10, 11; Rice, F. P. 1999. The Adolescent: Development, Relationships, and Culture, ninth edition. Boston: Allyn and Bacon, pp. 439, 440.

136 Bacchiocchi, S. 1989. Wine in the Bible. Berrien Springs, Michigan: Biblical Perspectives, pp. 106-128.

137 Ibid., pp. 54-74.

138 Rushton, J. P. 1980. Altruism, Socialization, and Society. Englewood Cliffs, New Jersey: Prentice-Hall, Inc., pp. 133-145; Rice, op. cit., pp. 252-255, 309-311; Phillips, H. 2007. New Scientist vol. 194 (no. 2600), pp. 33-37.

139 Shaffer, D. R. 1994. Social & Personality Development, 3rd edition. Pacific Grove, California: Brooks/Cole Publishing Company, p. 356.

140 Rushton, op. cit., pp. 170-174.

141 Rice, op. cit., 252-255; Szalavitz, M. 2002. New Scientist, vol. 176 (no. 2370), p. 40.

142 Craig, W. J. 1999. Nutrition and Wellness: A Vegetarian Way to Better Health. Berrien Springs, Michigan: Golden Harvest Books, pp. 7-15, 213-219.

143 Shaffer, op. cit., pp. 227-233, 430-432.

144 Seligman, M. E. P. 1993. Learned Optimism. Milsons Point, New South Wales: Random House, pp. 172-178, 233-253.

145 Laws, E. A. 1993. Aquatic Pollution. New York: John Wiley & Sons, Inc., pp. 356-396, 495, 496.

146 Bertollini, R. et al. Eds. 1996. Environmental Epidemiology: Exposure and Disease. New York: Lewis Publishers, pp. 11, 12, 148-154, 167-172; Baum, F. 2002. The New Public Health, second edition. Oxford: Oxford University Press, pp. 267-270; Warwick, H. 2003. New Scientist vol. 180 （no. 2424）, p. 22; Finkelstein et al. 2004. American Journal of

Epidemiology vol. 160, pp. 173-177.

147 Conway, G. R. & Pretty, J. N. 1991. Unwelcome Harvest: Agriculture and Pollution. London: Earthscan Publications Ltd, pp. 251-261.

148 Tortora, G. J. et al. 1998. Microbiology: An Introduction, sixth edition. Menlo Park, California: Addison Wesley Longman, Inc., p. 413.

149 Hardy, B. 1998. The Australian Market Basket Survey 1996. Canberra: Australian Food Authority, p. xiv; updates found at www.health.gov.au

150 National Registration Authority. 2002. Online: endosulfan www.nra.gov.au/media (18/11/2002).

151 Karalliedde, L. et al. 2001. Organophosphates and Health. London: Imperial College Press, pp. 252-454.

152 Rechcigl, M. Ed. 1978. CRC Handbook Series in Nutrition and Food, section E, vol. II, pp. 215-220; Dionson, N. Y. 2000. ACIAR Newsletter, no. 36（April-September）, p. 11.

153 Bertollini, R. et al. Eds. 1996. Environmental Epidemiology: Exposure and Disease. New York: Lewis Publishers, pp. 10-12.

154 Gosline, A. 2004. New Scientist, vol. 183（no. 2454）, p. 14.

155 Pearce, F. & Edwards, R. 2002. New Scientist, vol. 175（no. 2356）, pp. 8, 9.

156 Laws, op. cit., pp. 75, 76.

157 Graumann, C. F. & Moscovici, S. Eds. 1986. Changing Conceptions of Crowd Mind and Behaviour. New York: Springer-Verlag, pp. 134-139; Baum, op. cit., pp. 434-436.

158 Vesper, S. J. et al. 1999. Applied and Environmental Microbiology, vol. 65, p. 3175.

159 Assouline-Dayan, Y. et al. 2002. Journal of Asthma, vol. 39: 191-201; U.S. Environmental Protection Agency [http://www/epa.gov/iaq/pubs/sbs.html].

160 Graumann & Moscovici, op. cit., pp. 118-120; Baum, op. cit., p. 434.

161 Maxwell, C. M. 1981. God Cares, vol. 1. Mountain View, California: Pacific Press Publishing Association, pp. 189-257.

162 Fischer, F. & Hajer, M. A. Eds. 1999. Living with Nature: Environmental Politics as

Cultural Discourse. Oxford: Oxford University Press, p. 67.

163 Jones, A. H. M. 1977. The Decline of the Ancient World. London: Longman, pp. 237-251.

164 Bertollini, R. et al. Eds. 1996. op. cit., pp. 167-174.

165 Boyd, R. F. & Hoerl, B. G. 1986. Basic Medical Microbiology, third edition. Little, Brown and Company, pp. 302, 825-858.

166 Bacon, P. E. et al. 1986. Nutrient Cycling in Agroecosystems, vol. 10, pp. 27-42.

167 Graumann, C. F. & Moscovici, S. Eds. 1986. op. cit., pp. .11-15.

168 Rice, F. P. 1999. The Adolescent: Development, Relationships, and Culture. Boston: Allyn and Bacon, pp. 410, 413, 414.

169 Bellah, R. N. et al. 1985. Habits of the Heart. Berkeley, California: University of California Press, pp. 276, 277.

170 Oliver, A. 1999. Postmodern Thought and Adventist Education. Online: www.aiias.edu/ict/vol_ 24cc_217-236.htm（18/11/2002）.

171 Kellner, D. 1989. Jean Baudrillard: From Marxism to Postmodernism and Beyond. Cambridge: Polity Press, pp. 93-121.

172 Behe, M. 1996. Darwin's Black Box: The Biochemical Challenge to Evolution. New York: The Free Press; Aagaard, E. 2002. Adventists Affirm, vol. 16（no. 1）, pp. 33-40.

173 Wenham, G. J. 1979. The Book of Leviticus. The New International Commentary on the Old Testament. Grand Rapids, Michigan: William B. Eerdmans Publishing Company, pp. 211, 212.

174 Dunstan, L. 2002. Signs of the Times, vol. 117（no. 11）, pp. 32-36.

175 Jones, K. L. et al. 1975. Emotional Health, second edition. San Francisco: Canfield Press, pp. 8, 9.

176 Weare, K. 2000. Promoting Mental, Emotional and Social Health. London: Routledge, p. 5.

177 Ibid., pp. 14-16.

178 Dunstan, op. cit., p. 36.

179 Mother Teresa: Her Life. Online: www.tisv.be/mt/life.htm（21/11/2002）.

180 Seligman, M. E. P. et al. 2001. Abnormal Psychology, fourth edition. New York: W. W. Norton & Company Inc., pp. 20, 23.

181 Fabian, J. 1990. Creative Thinking and Problem Solving. Chelsea, Michigan: Lewis Publishers, pp. 6-10.

182 McDowell, J. 1979. Evidence that Demands a Verdict, revised edition. San Bernardino, California: Here's Life Publishers, Inc., pp. 166-175, 267-320.

183 Magai, C. & McFadden, S. H. Eds. 1996. Handbook of Emotion, Adult Development, and Aging. London: Academic Press, pp. 309, 310; Seligman, M. E. P. 1993. Learned Optimism. Milsons Point, New South Wales:Random House, pp. 172-174.

184 Smialek, M. A. 2001. Team Strategies for Success. Lanham, Maryland: The Scarecrow Press, Inc., pp. 5, 6.

185 Rushton, J. P. 1980. Altruism, Socialization, and Society. Englewood Cliffs, New Jersey: Prentice-Hall, Inc., pp. 170-173.

186 Bellah, R. N. et al. 1985. Habits of the Heart. Berkeley, California: University of California Press, pp. 142-144, 276-282; Ustinov, P. 1993. Ustinov Still at Large. London: Michael O'Mara Books Limited, pp. 137-139.

187 Izard, C. E. 1991. The Psychology of Emotions. New York: Plenum Press, pp. 205, 206, 226; Chulov, M. & Powell, S. 2003. The Australian, October 13, p. 1.

188 Magai & McFadden, op. cit., pp. 308, 309.

189 Shaffer, D. R. 1994. Social & Personality Development, 3rd edition. Pacific Grove, California: Brooks/Cole Publishing Company, pp. 384, 387-390.

190 Nygren, A. 1953. Agape and Eros. London: S.P.C.K., pp. 214-219.

191 Shea, W. H. 2001. Journal of the Adventist Theological Society, vol 12 (no. 1), pp. 97-100.

192 Wall, W. D. 1956. Education and Mental Health, second impression. London: George G. Harrap & Co. Ltd, preface & p.17.

193 Ibid., pp. 20-27.

194 Goleman, D. 1996. Emotional Intelligence. London: Bloomsbury Publishing, pp. 8, 9, 36, 42, 43.

195 Cohen, J. Ed. 1999. Educating Hearts and Minds. New York: Teachers College Press, pp. 10, 11; Weare, K. 2000. Promoting Mental, Emotional and Social Health. London: Routledge, p. 11.

196 Goleman, op. cit., pp. 43. 44, 46-53, 56-58, 78-89; Weare, op. cit., p. 63.

197 White, E. G. 1977. Mind, Character, and Personality, vol. 1. Nashville, Tennessee: Southern Publishing Association, pp. 36, 37.

198 White, E. G. 1977. Mind, Character, and Personality, vol. 2, Nashville, Tennessee: Southern Publishing Association, pp. 685-689, 692-694.

199 Goleman, op. cit., pp. 96, 97, 104-106.

200 Ibid., pp.113-119.

201 Reece, B. L. & Brandt, B. 2002. Effective Human Relations: Personal and Organizational Applications, eight edition. Boston: Houghton Mifflin Company, pp. 146-150.

202 Nelson, D. K. 1998. Outrageous Grace. Nampa, Idaho: Pacific Press Publishing Association, pp. 44, 45.

203 Davis, T. A. 1977. Conscience. Washington, D. C.: Review and Herald Publishing Association, pp. 27-34.

204 McMillen, S. I. & Stern, D. E. 2000. None of These Diseases, revised edition. Grand Rapids, Michigan: Fleming H. Revell, pp. 207-210.

205 Delumeau, J. 1990. Sin and Fear. New York: St Martin' s Press, pp. 446-462.

206 Shaffer, D. R. 1994. Social & Personality Development, 3rd edition. Pacific Grove, California: Brooks/Cole Publishing Company, pp. 431-433.

207 Nygren, A. 1953. Agape and Eros. London: S.P.C.K., pp. 211-214.

208 Rice, F. P. 1999. The Adolescent: Development, Relationships, and Culture, ninth edition. Boston: Allyn and Bacon, pp. 174-176.

209 Nygren, op. cit., pp. 77, 78.

210 Goleman, op. cit., pp. 86-87.

211 Seligman, M. E. P. 1993. Learned Optimism. Milsons Point, New South Wales: Random House, pp. 171-174.

212 Le Goff, J. 1984. The Birth of Purgatory. London: Scolar Press, pp. 52, 53.

213 Delumeau, op. cit., pp. 373-382, 536-554.

214 Pfister, O. 1948. Christianity and Fear. London: George Allen & Unwin Ltd, pp. 155, 157; the words translated in most texts as "hell" might also legitimately be translated as"the place of the dead"- Cruden, A. 1958. Cruden's Complete Concordance to the Old and New Testament. London: Lutterworth Press, p. 297.

215 Seaward, B. L. 1997. Principles and Strategies for Health and Wellbeing, second edition. London: Jones and Bartlett Publishers, pp. 151, 152.

216 Ibid. pp. 142-144.

217 Eastman, M. 1989. Family: The Vital Factor. Melbourne: Collins Dove, pp. 159-176.

218 Gottfried, A. E. & Gottfried, A. W. Eds. 1994. Redefining Families: Implications for Children's Development. New York: Plenum Press, pp. 3-6.

219 Eastman, op. cit., pp. 3, 4.

220 Ibid., pp. 4-12.

221 Eastman, op. cit., pp. 11-19.

222 Ibid., pp. 21-37, 63-88; Merali, Z. 2007. New Scientist, vol. 193 (no. 2587), p. 8.

223 Eastman, op. cit., pp. 186-190.

224 Du Preez, R. 1999. Journal of the Adventist Theological Society, vol. 10/1-2, pp. 33-39.

225 McCubbin, H. I. et al. Eds. 1999. The Dynamics of Resilient Families. London: Sage Publications, p. 6.

226 Eastman, op. cit., pp. 66, 67.

227 Ibid., p. 68.

228 Eastman, op. cit., pp. 72, 73; Weare, K. 2000. Promoting Mental, Emotional and Social Health. London: Routledge, pp. 24, 64, 65.

229 Seligman, M. E. P. 1993. Learned Optimism. Milsons Point, New South Wales: Random House, pp. 233-253.

230 Lewis, J. M. et al. 1976. No Single Thread. New York: Brunner/Mazel, Publishers, p. 210; Shaffer, D. R. 1994. Social and Personality Development, 3rd edition. Pacific Grove, California: Brooks/Cole Publishing Company, pp. 430-432.

231 Eastman, op. cit., pp. 74-80; Shaffer, op. cit., pp. 222-225, 453-458.

232 Petre, D. 1998. Father Time. Sydney: Pan Macmillan Australia, pp. 61-69.

233 Lewis, op. cit., pp. 102, 209-211, 222-224.

234 Magai, C. & McFadden, S. H. Eds. 1996. Handbook of Emotion, Adult Development, and Aging. New York: Academic Press, pp. 351-356.

235 Shaffer, op. cit., pp.427-433.

236 Rushton, J. P. 1980. Altruism, Socialization, and Society. Englewood Cliffs, New Jersey: Prentice-Hall, Inc., pp. 170-175.

237 Bellah, R. N. et al. 1985. Habits of the Heart. Los Angeles: University of California Press, pp. 142-151.

238 Dickens, P. 2000. Social Darwinism. Buckingham: The Open University Press, pp. 80-84, 101-109.

239 Bellah et al., op. cit., pp. 116-118.

240 Ibid., pp. 155-160.

241 Lacayo, R. & Ripley, A. 2002/2003. Time, Australia, December 30 – January 6, p. 34.

242 Bellah et al., op. cit., pp. 159-162, 196-198.

243 United Nations-Universal Declaration of Human Rights. On line: www.un.org/Overview/rights.html（30/3/03）.

244 Beck, R. C. 2000. Motivation: Theories and Principles. Upper Saddle River, New Jersey: Prentice Hall, p. 315.

245 Rushton, J. P. 1980. Altruism, Socialization, and Society. Englewood Cliffs, New Jersey: Prentice-Hall, Inc., pp. 3-4.

246 Shaffer, D. R. 1994. Social & Personality Development, 3re edition. Pacific Grove, California: Brooks/Cole Publishing Company, pp. 364-69.

247 Shaffer, op. cit., pp. 373, 376.

248 Ibid., pp. 282-285, 356, 387-292; Rushton, op. cit., pp. 115-126, 133-155.

249 Rushton, op. cit., pp. 81-85, 121.

250 Shaffer, op. cit., pp. 346-351.

251 Shaffer, op. cit., pp. 222-225.

252 White, E. G. 1977. Mind, Character, and Personality, vol. 1. Nashville, Tennessee: Southern Publishing Association, pp. 259-262.

253 Shaffer, op. cit., pp. 346-349.

254 Ibid., pp. 387, 388.

255 Ibid., pp. 392, 393.

256 Rushton, op. cit., pp. 135-144.

257 Ibid., pp. 170-177.

258 Toates, F. 1995. Stress: Conceptual and Biological Aspects, pp. 7-9, 285; Campbell, N. A. et al. 2004. Essential Biology with Physiology. San Francisco: Benjamin Cummings, pp. 553-555.

259 McMillen, S. I. & Stern, D. E. 2000. None of These Diseases, revised edition. Grand Rapids, Michigan: Fleming H. Revell, pp. 175-177.

260 Toates, op. cit., pp. 252-254.

261 Ibid., pp. 254-256; Seaward, B. L. 1997. Managing Stress: Principles and Strategies for Health and Wellbeing, second edition. London: Jones and Bartlett Publishers, pp. 108-120.

262 Toates, op. cit., pp. 275, 277.

263 Toates, op. cit., pp. 261-263; Conti, A. 2000. New York Academy of Sciences, vol. 917, pp. 68-83; Schultz, K. H. & Gold, S. 2006. Bundesgesundheitsblatt Gesundheitsforschung Gesundheitsshutz, July 27（E-published）.

264 Magai, C. & McFadden, S. H. Eds 1996. Handbook of Emotion, Adult Development, and Aging. New York: Academic Press, pp. 351-359; Seaward, op. cit., pp. 128-155; Giorando, J. & Engebretson, J. 2006. Explore（NY）, vol. 2:216-225.

265 Seaward, op. cit., pp. 163-165.

266 Seaward, op. cit., pp. 176, 190, 204, 217, 235, 251, 263, 278, 292, 322, 369, 386.

267 Seaward, op. cit., pp. 169-173.

268 Ibid., pp. 172-175.

269 Ibid., pp. 182-184.

270 Rohl, D. M. 1996. A Test of Time, vol. 1. The Bible – From Myth to History. London: Arrow Books Limited, pp. 327-367.

271 Seaward, op. cit., pp. 239-251.

272 Ibid., pp. 253-263.

273 Seaward, op. cit., pp. 271-274.

274 Petre, D. 1998. Father Time. Sydney: Pan Macmillan Australia, pp. 52-62.

275 Seaward, op. cit., pp. 283, 284, 288, 289.

276 Ibid., pp. 291, 292.

277 Ibid., pp. 219-220, 230-32.

278 Seaward, op. cit., pp. 357-369.

279 Ibid., pp. 357, 358.

280 Vasquez, E. 1998. The Mainstreaming of New Age. Nampa, Idaho:Pacific Press Publishing Association.

281 Shipton, W. A. 2002. The Golden River which Flows through Time, section 2.3. On line: www.maranathamedia.com.au under Sermons and essays（20/3/03）.

282 McMillen & Stern, op. cit., pp. 199-201.

283 White, E. G. 1992. Steps to Christ, youth edition. Maryland: General Conference of Seventh-day Adventists, pp. 5-13, 21-25, 35-41, 48, 57-62, 78-85.

284 Veith, G. E. Jr. 1994. Postmodern Times: A Christian Guide to Contemporary Thought and

Culture. Wheaton, Illinois: Crossway Books, p. 62.

285 Land, G. 1996. Dialogue, vol. 8, no. 1, pp. 5-7.

286 Oliver, A. 1999. Postmodern thought and Adventist Education. 24th International Faith and Learning Seminar, Andrews University, Berrien Springs, Michigan, June 20-July 2, pp. 1-16. Online: www.alias.edu/ict /vol_24/24cc_217-236.htm（20/3/03）; Veith, op. cit., pp. 43, 44, 58, 59, 73-75; Webber, R. E. 2003. Ancient-Future Faith. Grand Rapids, Michigan: Baker Books, pp. 21-23.

287 Land, op cit., p. 8; Veith, op. cit., pp. 154, 195-198, 201, 202.

288 Little, P. E. 2000. Know Why You Believe, fourth edition. Downers Grove, Illinois: InterVarsity Press, pp. 144-158.

289 Durant, W. 1944. The Story of Civilization: Part III. Caesar and Christ. New York: Simon & Schuster, pp. 671, 672.

290 Encyclopaedia Britannica. Roman Empire. Online: www.britannica.com（22/11/2002）; Grant, M. 1978. History of Rome. London: Weidenfeld and Nicolson, pp. 331, 406.

291 Schaeffer, F. A. 1976. How Should We Then Live? Old Tappan, New Jersey: Fleming H. Revell Company, pp. 22-29.

292 Jones, A. H. M. 1996. A General Decline of the Ancient World. London: Longman, pp. 121, 122; Kagan, D. Ed. 1962. Decline and Fall of the Roman Empire. Why Did it Collapse? Boston: D. C. Heath and Company, p. 89; Wilkinson, B. G. 1944. Truth Triumphant. Mountain View, California, pp. 22-33, 59-61; Webber, op. cit., pp. 47-67.

293 Oliver, op cit., pp. 1-16.

294 Webber, op. cit., p. 31.

295 Alexander, D. 2001. Rebuilding the Matrix. Oxford: Lion Publishing plc, pp. 399-406.

296 Green, V. 1996. A New History of Christianity. Stroud, Gloucestershire: Sutton Publishing, pp. 26, 27; Weigall, A. 1928. The Paganism in Our Christianity. New York: G. P. Putnam's Sons.

297 Newman, J. H. 1974. An Essay on the Development of Christian Doctrine.

Harmondsworth, Middlesex: Penguin Books, pp. 367-369.

298 Nelson, D. K. 1998. Outrageous Grace. Nampa, Idaho: Pacific Press Publishing Association, pp. 44, 45.

299 Banerji, R. 2003. Time, Australia , January 27, no. 3, p. 13.

300 Burkchardt, J. 1949. The Age of Constantine the Great. London: Routledge & Kegan Paul Limited, pp. 283, 293-301; MacMullen, R. 1984. Christianizing the Roman Empire（A.D. 100-400）. New Haven: Yale University Press, pp. 56-58, 85, 118.

301 Markus, R. A. 1970. Saeculum: History and Society in the Theology of St Augustine. Cambridge: The University Press, pp. 135, 136; Green, op cit., p. 25.

302 Silk, J. 1989. The Big Bang. New York: W. H. Freeman and Company, p. 411; Hawking, S. 1988. A Brief History of Time. Amherst: The University of Massachusetts Press, p. 175.

303 Nygren, A. 1953. Agape and Eros. London: S.P.C.K., p. 104; John 3:16-18.

304 Seligman, M. E. P. 1993. Learned Optimism. Milsons Point, New South Wales: Random House, pp. 203, 204.

305 Piper, R. C. Ed. Undated. Secrets of Happy Living. Warburton, Victoria: Signs Publishing Company, pp. 25-29; Rice, R. 1991. Reason and the Contours of Faith. Riverside, California: La Sierra University Press; Isaiah 1:18, 1 Thessalonians 5:21, Matthew 22:37.

306 Johnson, P. 1999. Reader's Digest（Australia, vol. 155, no. 932）, pp. 16-20

307 Roth, A. A. 1998. Origins: Linking Science and Scripture. Hagerstown, Maryland: Review and Herald Publishing Company, pp. 94-115.

308 Seaward, B. L. 1997. Principles and Strategies for Health and Wellbeing, second edition. London: Jones and Bartlett Publishers, pp. 142-144.

309 McDowell, J. 1979. Evidence that Demands a Verdict. San Bernardino, California: Here's Life Publishers, Inc., pp. 179-263.

310 Rushton, J. P. 1980. Altruism, Socialization, and Society. Englewood Cliffs, New Jersey: Prentice-Hall, Inc., pp. 2, 3.

311 McDowell, op. cit., pp. 327-359; Robinson, V. E. 1976. Curse of the Cannibals.

Washington, D.C.: Review and Herald Publishing Association.

312 Swinburne, R. 1979. The Existence of God. Oxford: The Clarendon Press, pp. 116-142, 150-175, 254-260; Dembski, W. A. Ed. 1998. Mere Creation: Science, Faith & Intelligent Design. Downers Grove, Illinois: InterVarsity Press, pp. 113-147; Ward, E. & Hancock, M. 2003. Dialogue 15 (2), pp. 11-14, 17.

313 Catholic Encyclopedia, vol. VIII. 1910. St. John the Evangelist. On line: www.newadvent.org/ cathen/08492a.htm（1/3/2003）.

314 Green, V. 1998. A New History of Christianity. Stroud: Sutton Publishing, pp. 6, 7.

315 Ibid., pp. 16-24.

316 McDowell, op. cit., pp. 141-177.

317 Vermes, G. 1997. The Complete Dead Sea Scrolls in English. New York: The Penguin Press, pp. 466, 467, 573-755. The bulk of manuscripts were from the first century before Christ and some were as early as the third century. These manuscripts include references to prophecies in Isaiah and Daniel.

318 McDowell, op. cit., pp. 166, 167; Maxwell, M. 1981. God Cares, vol. 1. Mountain View, California: Pacific Press Publishing Association; Maxwell, M. 1985. God Cares, vol. 2. Boise, Idaho: Pacific Press Publishing Association

319 Little, P. E. 2000. Know Why You Believe, fourth edition. Downers Grove, Illinois: InterVarsity Press, pp. 74-76.

320 A day in symbolic prophecy stands for a year as illustrated in Numbers 14:34 and Ezekiel 4:6.

321 Encyclopedia Americana 1991. Article: Artaxerxes, vol. 2, p. 398. Danbury, Connecticut: Grolier Incorporated. The year 457 BC is chosen above 458 BC on account of the manner in which the ancients calculated the commencement of their yearly cycle – refer to Horn, S. H. & Wood, L. H. 1954. Journal of Near Eastern Studies, vol. XIII, pp. 1-20. In Bible prophecy one prophetic day equals on literal year. Refer to Numbers 14:34 and Ezekiel 4:6 for the application of this principle.

322 The fifteenth year of Tiberius Caesar marked the time of Christ's baptism（Luke 3: 3, 1）. The Jewish scheme of reckoning（refer to Josephus in Antiquities xv, 5. 2; xvii, 8. 1）places Tiberius' first year from August 19 to October AD 14 and his second year commenced in the autumn (October) of AD 14. This means the fifteenth year ran from autumn AD 27 to autumn AD 28. Munster, K. R. et al. Eds. 1969, Sacramentum Mundi, vol. 3, p. 175 (London: Burns & Oates) place AD 27/28 as the most probable date for Jesus' baptism and Roth, C. E. Ed. 1971, Encyclopaedia Judaica, vol. 10, col. 11 (Jerusalem: Keter Publishing House Ltd) places this date as a possibility. Jesus' baptism occurred shortly after John the Baptist began his ministry and before the Passover (spring – March/April). Between these events the temptation, disciple gathering and other activities occurred making the end of the Roman year（December）AD 27 a favoured date for His baptism (Maxwell, op. cit., vol. 1, pp. 216-218).

323 Seaward, op. cit., pp. 142-144.

324 Green, op. cit., pp. 9, 16, 18.

325 Izard, C. E. 1991. The Psychology of Emotions. New York: Plenum Press, pp. 368, 369.

326 Little, op. cit., pp. 163-166.

327 Ferch, A. J. Ed. 1989. Towards Righteousness by Faith: 1888 in Retrospect. Warburton, Victoria: Signs Publishing Company, p. 108.

328 Jones, N. 2003. New Scientist, vol. 177（no. 2376）, p. 14.

329 Mandela, N. 1996. The Illustrated Long Walk to Freedom. London: Little, Brown and Company, pp. 119-123.

330 Levitas, R. 1990. The Concept of Utopia. New York: Schocken Books, pp. 190-200.

331 Harker, B. R. 1996. Strange Fire. Rapidan, Virginia: Hartland Publications, pp. 1-3, 159-162; Mottram, D. R. Ed. 2003. Drugs in Sport, third edition. London: Routledge, pp. 29-31.

332 Ruse, M. 2001. Can a Darwinian Be a Christian? Cambridge: Cambridge University Press, pp. 134-138; Van Biema, D. 1996. Time, Australia, no. 45, pp. 73, 75.

333 Lucado, M. 2002. A Heart Like Jesus. Nashville, Tennessee: W. Publishing Company, pp. 56-63.

334 Walker, D. P. 1964. The Decline of Hell. Chicago: University of Chicago Press, pp. 34, 35.

335 Nygren, A. 1953. Agape and Eros. London: S.P.C.K., pp. 164, 281-287.

336 Wright, N. T. 1999. The Challenge of Jesus. Downers Grove, Illinois: InterVarsity Press, pp. 93, 130-133.

337 McDowell, J. 1979. Evidence that Demands a Verdict, revised edition. San Bernardino, California: Here's Life Publishers Inc., pp. 212-215.

338 Kernig, C. D. Ed. 1972. Marxism, Communism and Western Society: a Comparative Encyclopedia, vol. IV, and pp. 398-418.

339 Wilkinson, B. G. 1944. Truth Triumphant. Mountain View, California: Pacific Press Publishing Association; McDowell, op. cit., pp. 185-189.

340 Starr, C. G. 1974. History of the Ancient World, second edition. New York: Oxford University Press, pp. 139-141, 474, 477, 478, 702.

341 Cornell, T. & Matthews, J. 1982. Atlas of the Roman World. Oxford: Phaidon Press, Ltd, pp. 213, 214; Doukhan, J. B. 2000. Secrets of Daniel. Hagerstown, Maryland: Review and Herald Publishing Association, pp. 105, 106.

342 Green, V. 1998. A New History of Christianity. Stroud: Sutton Publishing, pp. 24, 26, 27.

343 Cumont, F. 1956. The Mysteries of Mithra, translated by T. J. McCormack. New York: Dover Publications, Inc., pp. 191-228; Hawkes, J. 1962. Man and the Sun. London: The Cresset Press, pp. 166-198.

344 Morris, H. 1986. Twice Pardoned. Waco, Texas: Word Incorporated.

345 Rushton, J. P. 1980. Altruism, Socialization, and Society. Englewood Cliffs, New Jersey: Prentice-Hall, Inc., pp. 2, 3.

346 Greenfeld, K. T. 1999. Time, Australia, March 1, pp. 48, 49.

347 Barrow, R. 1975. Moral Philosophy for Education. London: George Allen & Unwin, p.

44.

348 Maquire, J. 2001. Essential Buddhism. New York: Pocket Books.

349 Allis, O. T. 1977. Prophecy and the Church. Wayne, Pennsylvania: The Presbyterian and Reformed Publishing Company, pp. 39-42.

350 Izard, C. E. 1991. The Psychology of Emotions. New York: Plenum Press, pp. 393-395, 407.

351 Ibid., pp. 398-401.

352 Rice, P. F. 1999. The Adolescent: Development, Relationships, and Culture, ninth edition. Boston: Allyn and Bacon, pp. 320-322.

353 Shaffer, D. R. 1994. Social & Personality Development, 3 rd edition. Pacific Grove, California: Brooks/Cole Publishing Company, pp. 430-432.

354 Rice, op. cit., pp. 322-323.

355 Ferguson, J. 1970. The Religions of the Roman Empire. London: Thames and Hudson, p. 125.

356 Nygren, A. 1953. Agape and Eros. London: S.P.C.K., pp 63, 75 81, 104, 132, 133, 146, 147; Nelson, D. K. 1998. Outrageous Grace. Nampa, Idaho: Pacific Press Publishing Association.

357 Thiele, E. R. 1998. Knowing God. Hagerstown, Maryland: Review and Herald Publishing Association, p. 49.

358 Seaward, B. L. 1997. Managing Stress: Principles and Strategies for Health and Wellbeing, second edition. London: Jones and Bartlett Publishers, pp. 92, 103.

359 Nygren, op. cit., pp. 77, 78.

360 Bockmuehl, M. Ed. 2001. The Cambridge Companion to Jesus. Cambridge: Cambridge University Press, pp. 90, 91.

361 Hardinge, L. 1991. With Jesus in His Sanctuary. Harrisburg, Pennsylvania: American Cassette Ministries, pp. 190, 197.

362 Pfister, O. 1948. Christianity and Fear. London: George Allen & Unwin Ltd, p. 211.

363 Nygren, op. cit., p. 104.

364 Walker, D. P. 1964. The Decline of Hell. Chicago: University of Chicago Press, pp. 34, 35.

365 Whiston, W. circa 1936. The Life and Works of Flavius Josephus. Chicago: The John C. Winston Company, pp. 901-903. The story had the angels separating the souls of the just to the right hand into a place called The Bosom of Abraham. The wicked souls were directed to the left hand close to a fiery hell. All souls were kept in Hades awaiting their final destinations.

366 Nygren, op. cit., pp. 91-95, 733, 734.

367 Venden, M. L. 1987. 95 Theses on Righteousness by Faith. Oshawa, Ontario: Pacific Press Publishing Association, pp. 183-200.

368 Nygren, op. cit., pp. 95-102; Ferguson, op. cit., pp. 125, 126.

369 Lucado, M. 2002. A Heart Like Jesus. Nashville, Tennessee: W. Publishing Group, pp. 35-39.

370 Hybels, B. 2001. Too Busy to Pray. Leicester: Inter-Varsity Press, pp. 56-59.

371 Davis, T. A. 1977. Conscience. Washington, D. C.: Review and Herald Publishing Association, pp. 23-26.

372 Shaffer, op. cit., p. 432.

373 Wilkinson, B. G. 1945. Truth Triumphant. Mountain View, California: Pacific Press Publishing Association, pp. 23-26.